Xinling De Mima

Nüzhigong Xinli Jiankang Zizhu Duben

心灵的密码

女职工心理健康自助读本

刘曦◎主编

中国工人出版社

图书在版编目（CIP）数据

心灵的密码——女职工心理健康自助读本 / 刘曦主编. — 北京：中国工人出版社, 2013.12

ISBN 978-7-5008-5710-5

Ⅰ.①心… Ⅱ.①刘… Ⅲ.①女性 - 心理保健 - 普及读物 Ⅳ.①R161.1-49

中国版本图书馆CIP数据核字（2013）第304319号

心灵的密码——女职工心理健康自助读本

出 版 人	李庆堂
责任编辑	石钰艳
责任校对	赵贵芬
责任印制	栾征宇
出版发行	中国工人出版社
地　　址	北京市东城区鼓楼外大街45号 邮编：100120
网　　址	http://www.wp-china.com
电　　话	（010）62350006（总编室）（010）62005039（营销出版部） （010）62382916（职工教育分社）
发行热线	（010）62005996 （010）82075964（传真）
经　　销	各地书店
印　　刷	河北景丰印刷有限公司
开　　本	710毫米×1000毫米 1/16
印　　张	11.5
字　　数	240千字
版　　次	2015年2月第1版 2020年3月第3次印刷
定　　价	28.00元

前言

女职工是中国工人阶级的重要组成部分，是推动改革发展稳定的重要力量。改革开放三十多年来，全国亿万女职工以高度的主人翁责任感，与祖国共命运、与时代齐奋进，在推动改革、促进发展、维护稳定中作出了卓越贡献。提高女职工队伍的整体素质，既是女职工进步与发展的内在要求，也是工会女职工组织的职责所在。要及时了解和把握当前女职工多元多样的素质提升需求，有针对性地为女职工提供灵活、便捷的教育培训服务，着力构建多渠道、多层次、开放式的女职工教育培训新格局，建设一支学习型技能型创新型女职工队伍。着力提升女职工心理素质，加强人文关怀和心理疏导，通过讲座培训、心理咨询、精神抚慰等，普及心理健康新理念，帮助女职工学习健康知识，缓解工作和生活压力，努力为女职工办实事、做好事、解难事。

现代社会，女职工亦是社会和家庭的中坚力量，既是单位的骨干又是家庭的栋梁，她们要参与社会工作，还要照顾老人抚育子女，无论在社会还是在家庭都处于承上启下的角色；她们每天在为事业、家庭、子女奔波的同时，还要在上下级、同事、姻亲等等纵横交错的人际关系中角逐，即繁忙又劳碌。她们扮演着妻子、母亲、儿媳、工作者等多重角色，所承受的内外压力的复杂性要更高。这也使得当代中国女职工成为心理问题及心理疾病的易感群体，心理健康的风险日益增大，越来越多的女职工处于亚健康状态。

女职工的心理问题可能发生于不同的生命周期，涉及学习、家庭、工作、生活各个方面。例如，就业环境的严峻加重了女职工的就业危机感；社会保障机制的不健全使女性常有后顾之忧；离婚率的提高、家庭关系问题等又使得女性疲于应对；贫富差距的拉大，使部份女性心理失衡；心理压力过重，使部份女性饱受心理失调的困扰；对于老年妇女来说，还可能受到丧失的挑战，如身心健康的丧失，经济能力的丧失，家庭社会联系和情感的丧失，以及生存目的的丧失。可以说，女性所面临的心理问题，有社会环境、文化背景、生活方式变化等因素的原因，也受女性自身特点的影响。身为女性，很希望可以避免或改变避免这种现象。从宏观角度，社会需要从政策的制定到实际的执行，给予女性更多的学习新知识、新技能的机会，更多就业和施展才智的机会，更完善的社会保障体系。然而，除了社会环境的改善以外，女性自身的一个重要任务，就是重新调整自己的心态，适应社会变革的需要，迎接社会的挑战，在激烈的社会竞争中，寻找和确立自己的生存位置和发展空间，并树立一种主动关爱“自我”的积极态度和主动意识。“求人不如求己”，女性最好的“医生”是自己，当职业女性充分了解自身的内外特点时，将能及时调整自我，让身心达到最佳的协调状态。

目录

第一章　发现最好的自己

——现代职业女性身心平衡

女性一生都在捍卫健康美丽，想要得到自然赐予的青春、美貌、智慧、活力，必须学会按照自然的规律调养自己的身心，才能成为常艳的花朵。无论你在哪个年龄段，无论在社会上扮演哪一种角色，都应该尊重健康，尊重生命舞台上每一秒。

那么，如何做到精力充沛，对生活游刃有余，这就需要女性朋友们首先了解自己在不同时期的身心发展规律，不再被动地接受生命的安排，抱怨作为女性的先天限制，而是学会享受女性独有的“季节”，主动觉察女性在不同时期的生理心理特点，积极应对，智慧解决，在每个时期都绽放出独特的光彩。

职业女性第一季——和经前综合征说“拜拜”

女性在每个月总会迎来一位固定的“老朋友”，可是很多女性朋友都发现这位“老朋友”来得总是扭扭捏捏、半推半就。它造访前的那几天，总是照例给我们发来“讯号”，仿佛有一片乌云笼罩在头顶。

让人困扰的各种症状

【症状一】莫名其妙地感到烦躁，像个炸药包一样

调查显示 25.6% 的女性会在经前就变得喜怒无常、烦躁易怒。其实，这些情绪的变化连自己都不明白为什么会出现。

职业女性 A：每当经期来临前，我总是莫名其妙地感到烦躁，像个炸药包一样，随时要爆炸。严重的时候，根本不愿意理任何人，把自己关到房间里，躺在床上不想起来，就希望一直这样睡下去。在工作中，经常记不住事，有一次还差点犯了大错。觉得很心烦，以致每次经期之前，都觉得如临大敌。

【症状二】肚子鼓鼓囊囊的，嘴巴就是停不了

很多姐妹们会发现自己总是在经前一周发胖，因为在这个时候特别容易觉得饿，而且对甜食有强烈的渴望。

职业女性 B：我的症状很有趣，经期前先是发饿病，让我感觉很饥饿，好像闹饥荒似的不断地想吃东西，都塞到喉咙口了感觉还是饿，我吃了甜的吃咸的，吃了干的吃水的，吃了辣的吃酸的，那模样自己都觉得可怕，明明肚子鼓鼓囊囊的，嘴巴就是停不了。

【症状三】生理痘疯长，连自己都不忍看

经期几天，黄体素大量分泌，特别容易长生理痘，这个时期的痘痘比平日的痘痘要厉害很多。它的特点是肿、大、痛。

职业女性C：我在生理期之前的几天，猛长痘子呀，连自己看着都惨不忍睹。虽然基本只有一颗，但这一颗就非常硬，非常痛，颜色呈枣红色。关键是还非常难消肿，痘印也不容易去掉。每次都用了消炎的祛痘膏，也没什么效果。

【症状四】每次经前一个星期，就会感觉腹痛

腹痛是最为常见的经前问题，调查中有52.1%的女性会有这个问题。

职业女性D：每次月经要来的前一个星期就会感觉到断断续续的腹痛，当临近经期的2~3天，这种疼痛就变得更加剧烈，总有想拉肚子的感觉。之前吃过一些中药，有了一些好转，但一旦不吃，就又慢慢出现这种症状。

经前综合征真的存在

经前综合征（PMS），有时被称为经前紧张征（PMT），是一种与女性月经周期有关的身体、心理及情绪综合征状。经前综合征是一个综合征。现已确认出200多种不同的症状，其中三个最显著的症状是易怒、紧张和烦躁不安（苦恼）。这些确切的症状和对应的剧烈程度因人而异。归结起来可能有以下几种：腹胀、腹痛、乳房胀痛或肿胀、压抑或焦虑、入睡障碍（失眠）、关节或肌肉疼痛、头疼、疲乏、痤疮、情绪波动、现有的皮肤病恶化、呼吸问题等。虽然多数育龄妇女（约80%）都有一些经前综合征的症状，这些症状通常是可以预知的并有规律地出现于月经来潮的前两周。一般情况下，这些症状可能会在月经来潮开始之前或之后消失。

虽然有些专家称所有的经期妇女几乎都有或多或少的经历过经前综合征，但值得庆幸的是仅有小比例（2%~5%）的妇女患有严重的经前综合征，且有别于月经来潮造成的不适现象。

这些患有严重经前综合征的女性，受困于各种严重的症状，这种类型的经前综合征甚至已经拥有自己的精神病学名称：经前不悦症（PMDD）。

经前综合征最初被看作是一种想象的疾病。女性最初开始叙述这些症状时，她们通常被告知那“完全是她们的想象”。20 世纪 80 年代早期，经前综合征首次被用于一次刑事辩护之后，人们对经前综合征的兴趣才开始有所增加。

生活妙招化解各种症状

那么职业女性该如何应对经前综合征呢？

1. 食物缓解经前期综合征

多吃薯类和谷类、全麦类食品，比如用大米、面粉、小米做的各种主食，以及红薯、土豆等食物，可以减少疲惫感。多喝水可以保持大便通畅，减少骨盆充血。另外，喝点猪肝红枣粥、姜汁薏苡仁粥、黑木耳红枣粥及姜枣红糖水等，都能起到补血的作用。樱桃、南瓜、低脂牛奶、鸡肉等，也是很好的食品。

2. 适当瑜伽缓解经前期综合征

第一，适当的瑜伽练习可以促进身体中的一种神经递质的分泌——内啡肽，它可以提升人的情绪兴奋性，给人带来愉悦的体验。第二，适当的瑜伽练习可以安抚中枢神经系统并且增加血氧含量，滋养生殖系统。第三，瑜伽练习可以使身体深度放松，这可以进一步地缓解 PMS 的症状。

3. 维生素 D 和钙质能缓解经前期综合征

90% 的育龄妇女在经前期都有生理改变，比如情绪紧张，手足、眼睑水肿，乳房胀痛，腹部胀满等。而维生素 D 和钙质能缓解经前期综合征，钙质和维生素 D 最好通过食物摄取。

职业女性第二季——甜蜜舒心孕产期

怀孕、分娩是每个女性最值得珍视的经历，是女性特有的关键期。这个时期女性的心理和生理将发生巨大变化，伴随着欣喜、困惑、担忧、幸福和期盼等复杂的情绪。

孕妇的各种烦恼

（1）孕期生理变化引起的心理变化。怀孕早期出现的早孕反应以及随着胎儿的长大给孕妇带来的行动不便，有些孕妇会感到难受和后悔，认为自己不该怀孕，易烦躁、发脾气，甚至迁怒于家人。

（2）怀疑与恐惧心理。由于对胎儿的期望值高，有些孕妇担心不顺利分娩或不能生一个健康的婴儿，甚至担心在分娩时发生意外而死亡。这些心理活动在分娩临近时表现得尤为强烈。

（3）生男生女产生的压力。虽然我们国家在破除封建观念上做了很多工作，但仍有一些家庭抱着生男好的观念，并给孕妇灌输相应的思想，使孕妇从怀孕开始，就担心自己生下女孩而遭到家人的嫌弃。

（4）家庭对妊娠期的过度重视，同样会使孕妇出现心理改变。许多家庭对孕妇每一个细微的变化与要求都给予足够的关心与满足，因而使某些孕妇产生自骄自怜的心理，稍有不满就发泄怒气。

孕产期的心理保健是一个需要重视的问题。首先，社会应提高对孕产期妇女心理的重视，引导孕妇保持健康的心理状态。其次，家庭的和睦，夫妻间的相互理解和支持，也是孕妇保持良好心理状态的重要条件。另外，孕妇自身也应进行心理调节，怀孕期间出现的各种生理变化是正常的，一个新的生命即将孕育而生，这是一件非常伟大的事，要以平常心对待这些变化，保持平和、开朗、活泼的良好心理状态。

案例

新妈妈夜夜失眠

现在是晚上9点，我已经开始陷入担心的状态：“今天晚上到底睡不睡得着。”这样的担心已经有两个月了。是的，我失眠两个月了。

事情还要从两个月前说起。两个月前，我还在月子里，那天晚上，我老公在网吧玩游戏，一夜未归。我睡不着，眼睁睁看着天亮，心中极其痛苦。心想，也许像往常一样，老公不管再晚回家，只要他回来了，我就能睡着。但是那天不一样，早上老公回来了，他蒙头大睡，我也想像他那样尽快入睡，可无论如何努力就是睡不着。从此，失眠就缠上了我，而且每天从早上开始我就不停地担心自己晚上睡不着，到天黑的时候，我的担心就更甚，简直痛不欲生，我不想这样，但无法控制自己。

此后，我天天都食不知味，人也变得非常消沉，提不起精神照顾孩子。看着孩子吧，一想到辛辛苦苦把他养大，将来还是要离开我了，又有什么意思呢？我向婆婆诉说我的痛苦，她觉得我太娇气，希望丈夫安慰我，他却不以为然。大家都说刚生完孩子睡不好觉很正常，让我想开点，可是我要怎么想开呢，睡不着就是明摆着的事实啊！

【分析点评】

董女士的问题看似只是失眠的问题，但深究背后的原因，可能与“产后抑郁”有关。伤心、焦虑、情绪不稳定、易怒，这些症状若符合女性朋友产后的状况，且持续了较长一段时间，那么就需要考虑是否患上了一种常见的产后心理疾病，即产后抑郁症，或称为产后沮丧。

何为“产后抑郁症”

第一次当妈妈的人比较容易产生“产后抑郁症”，这是因为在产后忧郁症中50%～60%的案例与生产压力有关。通常会在产后第二至三周开始，产后第四至五个月达到高峰，症状可持续六至九个月。产妇们会有抑郁症及神经衰弱的现象，心情低落，对任何事都提不起兴趣，食欲减低、失眠、思考及注意力变差，有罪恶感、无助绝望感、虚腕无力惑，身体不适，自我评价低等。

产后抑郁症发病于分娩后，故而得名。实际上产后抑郁症与普通抑郁症并没有本质上的区别。产后抑郁症的表现多种多样，有人把它归纳为三种类型：

1. 第三日抑郁

患者往往是初产妇，发病于分娩的三天内，症状较轻，主要表现为情绪沮丧、焦虑、失眠、食欲下降、易激怒、注意力不集中、持续数日后症状可自行缓解。

2. 内因性抑郁

发病于分娩后2周内，表现为激动、情绪低落、焦虑、无助感、无望感、罪恶感、担心养不活孩子，严重时会担心孩子在世界上受苦而出现杀害婴儿的行为，然后自杀。

3. 神经性抑郁

多数产妇以往有神经病的病史，在分娩后原有的不良情绪体验加重、身体不适、情绪不稳、易发脾气、睡眠不安等。

产后抑郁的原因

产后抑郁症可能与产后荷尔蒙水平的变化有关。女性朋友在产前和产后，会经历激素水平由高至低的一个快速变化。此外，女性过度紧张，身体疲惫，睡眠不足，身体不适也是产后抑郁的诱因。女性若对自己现状不满，在家庭中缺少他人关怀和支持，或者对作为母亲这个新角色既新鲜又恐惧等心理状态，也是导致产后抑郁的重要原因。

其实，产后出现不同程度的抑郁症状的女性并不在少数，这些女性大多是普通人，她们具有一定的责任心和能力，但是产后抑郁症使她们感到无能为力，而且对自己有不切实际的要求。多数产后抑郁的女性朋友症状并不十分明显，不容易被觉察，也不会严重影响其照顾婴儿或做家务。而且，这些症状经过一段时间将会自然消失，一切恢复正常。如果产后抑郁症状非常明显，并没有引起女性朋友和其家人的足够重视，那可能会带来非常严重的后果，甚至引发某种过激行为。

自我调适，让孕产期甜蜜舒心

对于大部分女性朋友来说，产后沮丧期是可以通过自我调适平稳过渡的：

（1）和家人或朋友一起出去吃晚餐或看电影，使身心得到放松。

（2）不要给自己提过高的要求，降低对自己的期望值。

（3）把自己的感觉和感受向丈夫、家人或者朋友倾诉。

（4）与其她新妈妈聊天，谈各自感受。

（5）适当地锻炼身体。

（6）学会在宝宝睡觉的时候让自己放松——小睡，读书，洗澡，看影碟，或找点其他感兴趣的事情。

职业女性第三季——和平度过更年期

每个女人都希望永葆青春，但女性朋友不得不面对的一个事实就是要经历衰老。在人生旅程中，从青春走向年老，是身体最难适应的一个时期，女性朋友的这个时期比男性更加难熬。

更年期不是一种疾病，而是人生旅程中的一个过渡时期。随着人们平均寿命的延长，女性有大约三分之一的时间是在更年期后度过的，因此女性尤其需要关注自己在更年期的身心健康问题，平稳度过更年期对女性自己和家人都大有益处。更年期女性进入更年期后，心理和身体的变化波动很大，若没有充分的保健与准备，很容易产生更年期综合征。

案例

50 岁的困扰

李女士，50 岁，单位出纳，工作勤勤恳恳、认认真真，从未出过差错，多次受公司领导表扬。家庭也和睦幸福，夫妻恩爱，有一个读大学二年级的儿子。但近三个月来，情绪出现不稳定，以前驾轻就熟的工作现在一想起工作就感到头疼。晚上睡觉经常盗汗，觉得胸口不适，一阵阵的心慌气促，月经量也比以前减少，经期有点紊乱，到妇科医院做了全面的体检，除了发现雌激素有所下降外，其他各方面都没有查出有什么病变。

李女士很苦恼，不知道自己究竟出了什么问题，怎么一到 50 岁自己就出现那么多的状况。于是经人介绍，到心理咨询门诊来求助。经过心理测试，发现李女士的焦虑水平较一般人明显升高，结合她的临床症状，李女士已经出现了轻度的焦虑症。

【分析点评】

为什么李女士会出现这些情况呢？这和她的更年期有关。更年期是中年进入老年的一个过渡时期，女性更年期则是月经逐渐停止的时期，又称绝经期。调查表明，妇女平均绝经期年龄是48岁。一般来说，多数妇女能够平稳地度过更年期，但也有部分妇女在更年期生理与心理变化较大，甚至影响心身健康。

更年期的一般症状

女性更年期是指女性性腺功能开始衰退直至完全消失的时期。在这一时期内，容易出现焦虑、情绪波动、失眠、多疑、易疲劳、多愁善感等情况，对各种细微的躯体疾患和精神刺激都比较敏感。女性更年期大多数发生在45~55岁之间，是卵巢功能逐渐衰退到基本消失的过程。此时，大部分的职业女性仍然是单位里的中流砥柱。应对身体心理变化的同时，还要坚守在工作岗位，所承受的内外压力可想而知。在此期间突出的症状是绝经，同时伴有一系列的生理和心理变化。随着生活水平的提高，个人体质增强，绝经期可向后推延。由于存在着个体差异，出现的症状也轻重不同。

潮热——是更年期女性经常遭遇的症状。

女性在进入45岁以后，发现在无任何诱因的情况下，热感从胸部向面部和双上肢迅速蔓延，有时还会伴有心慌、出汗，那么就需要引起重视，这极可能是进入更年期的一个前兆。有的女性朋友的潮热症状主要在夜间体现，常常是半夜醒来浑身大汗，潮热和夜汗发生的原因都是由于妇雌激素缺乏，导致血管收缩舒张，处于无秩序状态。

心悸——也就是心慌，也是更年期最常见的症状之一。

很多更年期女性常常这样描述这一症状：“老觉得有什么事没做，心神不宁”。对外界刺激非常敏感，有时甚至只是很小的一些响声，也会让自己感到一阵心慌，心脏咚咚咚地跳个不停，需要好长一段时间才能渐渐恢复平静。有的女性朋友怀疑自己患上了心脏病，到医院反复做心电图检查，甚至做24小时心电图和平板运动试验，结果往往显示一切正常，充其量发作时表现为窦性心动过速。

皮肤蚁走感——更年期女性可能经历的神经症状。

进入更年期后，女性可能出现一种比较特别的症状——皮肤蚁走感，总觉得成群的蚂蚁在皮肤上、头发里爬来爬去，经皮肤科检查却并无异常。

腰酸背痛——是更年期妇女骨质疏松的早期症状。

研究表明，更年期的这种酸痛感多数是由于竖脊肌持续紧张造成的。早期的骨钙流失多发生在脊椎，在重力的作用下，脊椎骨有被压缩的倾向，使人感到似乎弯着腰驼着背更舒服一些，但生活又要求人们站直了别趴下。这样竖脊肌就必须持续紧张，对抗这种压缩倾向。久而久之，肌肉持续收缩不缓解，则腰酸背痛。如果骨质疏松继续发展，则有可能发生骨质疏松性骨折。

更年期的心理变化

女性更年期有以下几个心理特点：

（1）情绪不够稳定，易激动、易怒、烦躁甚至抑郁，且难以自我控制。

（2）心理敏感性增强，常表现为多疑、多虑、抑郁、孤独等。

（3）精力、体力下降，易产生疲劳、乏力等。

（4）记忆力有所下降。

当女性进入更年期以后，首先表现的是月经停止，而有些人把月经停止看作是生命结束的预兆，常产生精神状态与心理状态方面的改变。往往产生悲观、忧郁、烦躁不安、失眠与神经质等表现。又有些女性因更年期出现的一些症状，影响情绪和心理状态。最常见的有以下几个方面的心理变化：

（1）焦虑心理。这是更年期常见的一种情绪反应，常常由于很小的刺激而引起大的情绪波动，爱生气和产生敌对情绪，精神分散难以集中。

（2）悲观心理。由于到了更年期之后常有一些症状出现，有些女性常以这些症状的产生感到顾虑重重，甚至任何一点不舒服就怀疑自己疾病非常严重，甚至情绪消沉，担心记忆力减退，思维零乱或者喜欢灰色的回忆，即回忆生活中一些不愉快的事。

（3）个性及行为的改变。这些改变表现为多疑、自私、唠唠叨叨、遇事容易急躁甚至不近人情。无端的心烦意乱，有时又容易兴奋，有时伤感，有时孤独、绝望。

当然更年期心理特点并不是所有女性都有的，其个体差异很大。据有关部门对 1618 名绝经期妇女调查结果显示：无自觉症状的占 80%，轻度不适者占 16%，症状较严重的仅为 4%。

更年期是一个漫长的过程

根据其生理过程的改变可将女性更年期分为：

（1）绝经前期：指卵巢功能开始衰退出现月经紊乱到绝经前的一段时间。

（2）绝经期：停经达一年，年龄超过 45 岁。

（3）绝经后期：指月经停止后至卵巢内分泌功能完全消失的时期，一般需要 6～8 年。

在这个漫长的近 10 年时间里，大部分职业女性在应对身体不适的同时，仍然奋战在工作岗位上，承担着繁杂的工作。与此同时，还需要同时处理好夫妻关系、子女关系、长辈的生老病死，亲朋好友及婆媳邻里等关系，需要耗费很大精力。加之女性绝经后，身体的发病率比过去高出好几倍。因此更年期女性更应得到家人和朋友们的关爱。

女性更年期保健

1. 女性更年期保健之身体保健

（1）要定期进行妇科检查，注意外阴部清洁，经常进行体育锻炼，以增强体质。

（2）服用钙片或食用含钙丰富的食物。如奶制品、鱼类、肉类、豆类、蔬菜、水果等。

（3）适当控制饮食，多吃蔬菜、水果和瘦猪肉、排骨、鱼虾、豆制品、海带等，少吃动物内脏如猪大肠、猪肝等。当然最大的保养重点仍以平衡女性荷尔蒙为主。

（4）戒烟酒、咖啡及含咖啡因的食品；要在医生指导下，适当地服用激素和钙来防治神经失调、骨质疏松、生殖器老年萎缩等。

（5）进食营养丰富的食品，同时少吃含脂肪量高的食品。

2. 女性更年期保健之心理保健

心理保健要做好“四自”，即自我认同、自我宣泄、自我辨病、自得其乐。

（1）自我认同。处于更年期的女性，内分泌功能减退引起体内一系列平衡失调，从而导致人体对环境的适应力下降，对各种精神和躯体变化都比较敏感，出现情绪波动，事情多变。对此，更年期女性要有一个清楚的认识和足够的思想准备，并明确更年期的变化是生命活动的客观规律。不管你是女经理、女企业家，还是女工人、女农民，更年期这一生命阶梯每个人都必须走过。更年期不是疾病和身体衰弱的代名词，而是一个年龄段。有了这种自我认同，才不会今天恐惧身患绝症，明天预感大祸临头，时而怨天尤人，时而自感命薄。而应坦然面对，抛弃焦虑和精神负担，以平稳而坚定的心理对待生活和工作。

（2）自我宣泄。喜、怒、哀、乐、忧、思、惊是人常有的情绪反应。按照心理学的观点，人的情绪是不会自然消失的，总会通过某种途径宣泄。善于合理宣泄的人往往身体健康，而不善于外宣泄的人则往往造成身体的自损。更年期女性精神稳定性差，情感波动大，心理容易失衡。所以，合理自我宣泄非常重要。宣泄的途径有很多：倾诉和积极交流；学会制怒，学会遇事换位思考，有时可以有一点阿Q精神，学会抚平自己的心灵，调节自己的情绪，即不压抑，能适当控制。

（3）自我辨病。要有自我保健知识和医学常识，根据自己的健康状况，从日常细微的变化中，及时发现或察觉一些隐藏的疾患，从而采取早期防范、早期治疗。同时定期进行身体检查，防微杜渐。

（4）自得其乐。日常生活中总是能听到有些更年期女性感叹“生活没劲，活得太累”。这种感叹在一定程度上反映了更年期女性生活的乏味和心灵的孤单。排除更年期女性的灰色情绪，最好的办法是鼓励她们拓宽自己生活圈子，扩大自己的兴趣爱好，学会自得其乐。

校准我的生物钟

职场女性发现有时自己的身体不受控制，为什么有的时候明明很清醒，做事却并不漂亮？有时明明身体很疲劳，思维却很活跃，做事效率快得让自己都难以置信。为何出现这样的情况，因为每个人的身体中都有一个属于自己的生物钟。校准这个生物钟，职业女性就能让生活和工作事半功倍。

生物钟不仅仅只有一种

实验表明，生物钟有自身的运转规律，大约 24 小时一个周期（有些人的生物钟周期稍长一些，有些人则稍短一些），环境——尤其是温度和光线的变化——制约着生物钟的运转。

首先，职场女性应该了解自己的生物钟是哪种类型，才能找到与之匹配的最佳生活作息模式。

现代人被灌输了一种固定的“睡眠和工作模式”，大部分人认为晚上 11 点左右上床，次日清晨 7 点醒来，然后开始一天的工作和学习，这种模式是公认的一种最健康的生活作息，与职场女性的工作时间也较匹配。然而，有些女性朋友发现，要想严格按照这样的时间规划非常困难。有的人习惯于晚上处理一些工作，或是完成家务，若让她早点上床睡觉，也可能是辗转反侧，难以入眠。这个现象提示我们，不能单一和绝对化地看待我们的生物钟。

百灵鸟和猫头鹰

一般情况下，迟睡晚起的人的生物钟要比24小时一天的节奏慢一些——这些人常被称作猫头鹰型。相反，早睡早起的人生物钟运转要快一些——这些人常被称作百灵鸟型。在这里，对这两种类型的人都没有绝对的好坏评判，只是反映出我们的一些生理特点。但是，搞清楚我们生物钟的运转节奏是比太阳的运转节奏（24小时一天）快还是慢非常重要。回忆一下你的睡眠倾向，可能会猜测出你的睡眠类型，但为了判断你的猜测是否正确，不妨回答下面的问题，来帮助确定你是百灵鸟型的还是猫头鹰型？

你在早上6点起床是否精力充沛？

晚上9点上床，你是否能很快入睡？

到半夜才睡对你来说是否很困难？

如果你对上述问题的回答都是肯定的，那么你就是百灵鸟型。

你是否晚上11点睡觉才能保证醒来时精力充沛？

你在午夜前入睡是否有困难？

凌晨1点上床，你是否能很快入睡？

如果你对上述问题的回答都是肯定的，那么你很可能就是猫头鹰型。

“我到底是哪一种呢？”

到底是百灵鸟型还是猫头鹰型，并不是你自己说了算。英格兰萨里大学的研究者在《当代生物学》发表过一篇报告，报告指出夜间清醒程度可能是由基因决定的。也就是说，你是哪种类型的生物钟可能是上天早就安排好的。研究人员还发现，在凌晨4点至8点间期间，对百灵鸟型和猫头鹰型进行记忆和智力测试，结果发现百灵鸟型的人反应要比猫头鹰型的人迟钝，特别是在凌晨接受记忆和智力测试时，百灵鸟型人的表现要远远逊色于猫头鹰型人，而且根据脑电波分析百灵鸟型人处于深度睡眠的时间也要比猫头鹰型多50%以上。

这个结果让我们更加清楚现象背后的真正原因。为什么百灵鸟型的女人特别喜欢把工作尽可能安排在上午完成，而猫头鹰型的女人更喜欢点灯熬夜开展工作。其实，这都是我们各自的生理特点在起作用，这些生理特点甚至能够追溯到基因层面。

找到自己的最佳觉醒时间

让我们来看看两种生物钟类型的人的特点，在一天中的最佳觉醒时间：

百灵鸟型：白天，脑细胞进入高度兴奋状态，记忆效率在某一时间段特别高。如诗人艾青的最佳写作时间是上午8点至9点钟。

猫头鹰型：习惯于夜战，一到夜间，脑细胞就进入高度兴奋状态，记忆效率在某一时间段特别高。如法国作家福楼拜有挑灯写作彻夜不眠的习惯，以致通夜亮着的灯光竟然成了塞纳河上的航标。

混合型：兼有百灵鸟型和猫头鹰型的最佳记忆时间段，在起床后和临睡前的一段时间记忆效率最高，思维也最敏捷。美国小说家司各特说过，觉醒和起床之间的半小时是非常有助于他发挥创造性的工作的黄金时刻。

因此，无论你是爱早起的“百灵鸟”，还是爱熬夜的“猫头鹰”，你都拥有了一个非常适合自己的生物钟。女性朋友最妥善的做法是根据自己的个人特点调整自己的生物钟，不必完全按照社会上普遍认为的单一生物钟来处理生活与工作事务。

职业女性高效的一天

现代职业女性，无论是百灵鸟型还是猫头鹰型，都需要在一天中完成各项工作和生活事务。把握一天不同时段的身心规律，将有助于女性朋友们度过高效的一天。

清晨

身体特征：身体和大脑都刚刚苏醒，创造力不是最佳。

基本上，能在清晨6点进入工作状态的人，就是标准的早睡早起百灵鸟型。这个时段，对于百灵鸟型的人来说是有利的。所谓早起的鸟儿有虫吃，在这个时段起床对于百灵鸟型的人来说不是难事，他们可以抓住清晨的时间，比较早地开始一天的活动。而对于猫头鹰型的人来说，在这个时段醒来，则是件非常痛苦的事情。她们宁愿多睡一会儿，而不是让一天的时光尽早开始。这也是为什么有部分女性存在“起床气”的原因之一。对于职业女性，肩负叫孩子丈夫起床、做早餐等重任，清晨的时光就如打仗一样，往往是在忙碌中度过。为了让这个时段忙而不乱，女性可以根据习惯设立好一套相对固定的标准流程，节约时间的同时，还可以对各种突发状况有备无患。

8：00 ~9：00AM

身体特征：早餐的营养已经供应到大脑及全身，人体感觉舒适且注意力高度集中，适合进行创造性活动。

在这个时段，无论是哪种类型的女性，为了应对正常工作，都已经进入完全地觉醒状态，情绪也开始变得饱满起来。研究发现，人们在这个时间段的情绪更加积极乐观、热情，恐惧、悲伤、愤怒或内疚情绪在此时发生的可能性更小。职业女性在这个时段，可能正在上班的路上，或者刚进入单位，可以趁着这时的好心情听听音乐，欣赏早晨的景色，享受一段独处的时光。同时还可以思考一下一天的工作安排，尤其适合将之前一直悬而未决的事拿出来想一想，也许会有新的想法出现。

9：00 ~12：00AM

身体特征：头脑清醒，记忆力较强。

对于大多数成年女性来说，从事认知活动的最佳时间是在午前。由于体温在早晨醒来之前开始上升，并且要持续到午后，工作记忆、清醒度和注意力集中度也随之提升。这个时间段，是职业女性集中火力处理具体事务的最佳时间。

2：00PM

身体特征：人体的每一个细胞都充满了倦意，无比渴求的不过是一个柔软且富有弹性的枕头而已。

人体的清醒度在饭后呈逐渐递减的态势，困顿感往往在下午 2 点左右达到顶峰，所以这时当然是进行午休的最好时候了，爱美的女性睡一个短短的子午觉是保养的好方法。

3：00 ~6：00PM

身体特征：身体灵敏度很高，肌肉力量也相对达到最高值，适合适度运动。

最近研究发现，下午 3 点到 6 点之间，人体的身体活动能力最强、受伤危险最小。而且肌肉力量一般在下午 2 点到 6 点之间达到最高值，比一天中的低值时候高出6%，这时候抓握球棒或球拍的能力更强。另一个增强体力的因素是肺，肺在下午5点时的效率比中午时分要高17.6%。因此，职业女性可以在这段时间离开办公桌，做一些简单的运动。下班后的一段时间也可善加利用，女性可以在下班回家途中选择步行一段路程，需要接孩子的女性，也可以有意识地和孩子一起散散步，达到运动效果的同时，也是亲子沟通的一个好时机。

8：00PM

身体特征：身心放松，处于极度松弛且好奇心不减的状态，适合社交。

对于很多白天没有工夫拓展人际资源或联络感情的女性来说，此时无疑是个最佳时机。大多数人这个时候已经吃过晚饭，处于自由掌控的闲暇时间，所以最适合开展社交活动。有研究者对时下的很多社交软件进行分析，结果发现了这样一个规律：凡是在下午3点至6点间发布的微博或新闻最容易被转发，因为这时很多人都没有精力来发表自己的微博。而晚上8点左右发表评论的人最多，因为很多人都在这个时候打开自己的社交工具，关注一下他人的动态。所以如果女性朋友们有什么想法和感受，都可以在这种没有太大压力的情况下和对方沟通，往往能收到很好的效果。

10：00～11：00PM

身体特征：潜藏在内心深处的真情实感，此时最是细腻敏感，适合情感互动。

大家可能还记得读书时学生宿舍里的卧谈会。在就寝前的10点至11点之间，整个宿舍可能会变成一个深夜剧场，因为人的情感在这时升温，大部分人都愿意在这个时段聊聊心里话。在这个时间段，有人可能会尽情地煲电话粥，有人可能热衷于网上热聊。夜深时，社交工具上发布的信息也往往富含感情，可能是积极的，也可能是消极的。女性朋友经过忙碌的一天之后，这时卸下白天的武装，会变得较敏感和细腻，此时，适合向丈夫表达关爱之情，积极与丈夫进行情感互动，是维护和增进夫妻关系的一个好时机。

11：00~12：00PM

身体特征：有的夜晚可能低落、焦躁不安。

这其实是一个很让人头疼的问题。明明是在毫无压力的状态下，为什么却反而会很焦躁或是低落呢？这是因为放松时，人体交感神经的冲动也被降低。基本上处于情绪安定、准备入睡的状态，打哈欠、伸懒腰、深呼吸等都是人体自动的放松表现。但很多女性朋友如果在此时决定要做一件与睡觉无关的事，可能就会陷入心绪不宁的焦灼状态，失眠症状也随之而来。例如，很多职业女性喜欢在入睡前思考白天让自己困扰的事情，或者临睡前处理比较困难的工作，因此很容易陷入焦躁不安的情绪中。解决办法是，洗个热水澡，沉淀一下自己。当然，最好的办法是，尽量在睡前放松，不做需要注意力高度集中的事务。

发现冰山下的自己

网络上最近有一个热帖，分别用“妖精”和“怨妇”来形容两类女人。

所谓“妖精”一词被赋予了一种积极的含义，指女性经过长时间的个人历练后达到的一种极佳的状态。“妖精”未必需要青春美貌，却需要懂得发现自己的优势，接纳自我的劣势，深谙扬长避短；“妖精”未必需要饱读诗书，却需要通情达理，善于与外界环境沟通；“妖精”一般指那些保有乐观积极心态的女性，她们能让周围的朋友和家人如沐春风，同时还能不断地完善自我，活到老学到老，读书阅文，知性优雅，保持持久的学习心态。此外，这样的女性还精力充沛，在工作生活中保持十足的干劲，不怕困难，坚韧持久。她们总是知道自己需要什么样的生活，知道自己生命中最重要的东西是什么。

而“怨妇”特指一些面对家庭和工作的双重压力时，由于缺乏适当的应对和解决方法，而导致情绪失调、身心处于亚健康状态的女性。所谓“怨妇”的一个典型特点是总是抱怨人生的不顺、生活不公、他人的不足。这类女性的痛苦大多来源于社会比较：工作、学业、孩子、丈夫、朋友、房子、车子，总是会成为比较的对象。没完没了的抱怨并不是解决问题的好方法，不仅吞噬自己的生命，还会把快乐赶跑，错过身边最美丽的风景，甚至失去友谊、吓跑爱情、毁掉婚姻。

其实，做“妖精”需要勇气和努力，沦为“怨妇”可能只是一念之差，相信每位女性都希望如花般绽放，展示独属于自己的魅力，活出自己独特的风采。

女性自我生涯探索的起点——自我觉察

看着以上的网络热帖，很多女性朋友是不是已经开始回顾自己的言行，在心里暗自思量：我属于哪一类呢？当我们开始回忆和反思的时候，恭喜各位，你已经开始迈出了自我生涯探索的第一步：觉察。

在这里，建议大家先不要着急做出判断，给自己贴上“妖精”或是“怨妇”的标签，我们先静静地感受一下自己当下的情绪。当看到正向的描述与自己符合，于是心感愉悦、暗自窃喜；当发现自己不幸被那些负向的描述命中，于是心里默念：“我没那么严重吧”“我只是偶尔这样”，或者干脆忽视赶紧跳过；还有的也许会心生反感：“一派胡言”“说得都不对”。无论出现了以上哪种情绪，这都是我们的一种正常体验，我们必须要接纳自己的真实感受，检视并面对自己的感觉。一旦发现各种情绪与感受浮上心头，就可以利用自我觉察的方式，思考该如何去处理与适当表达这些情绪，并做出适宜的行为，这将大大有助于女性的待人接物，找到属于自己的心灵力量。

觉察是一种体验形式，在生活中无处不在。首先，我们能从自己的言谈、举止、心情、表情等方面体验到自己的情绪、需要、性格特点、情感和行为。进一步我们会针对这些体验加入主观判断和分析，明确自己在做什么，应该怎么做，为什么要这么做。

发现冰山下的自己

现实生活中，每个女性都拥有不同的色彩。其实并没有纯粹的“妖精”或是“怨妇”，在不同时期、不同情境、不同对象面前，每个女性都可能表现出不同的侧面。

“妖精”和“怨妇”的区别可以总结为两个方面：

第一，能不能进行及时的自我觉察，进而进行自我监控，调整自己的各种状态。

第二，能否很好地平衡内在自我觉察和外在觉察。有的女性常常使用内在自我觉察，她们对自己内心感受比较重视，常常坚持自己的行为标准与信念，不太会受到外界环境的影响。但由于对自己的内在感受比较在乎，因此常常会夸大自己的情感反应；有的女性对外在比较在意，常常使用外在自我觉察，非常看重其他人怎么看待自己，关注他人对自己的评价，由于太看重他人的影响，所以这类女性特别担心其他人对自己有不好的评价，她们的想法和情绪常常被他人左右。

如果不能及时进行自我觉察，或者自我觉察偏重于内在或外在，女性都不能真正达到最佳的状态。女性朋友可以通过自我觉察，回顾人生的点点滴滴，发现冰山下不为所知的自己。这样才能挖掘自身优势和潜能，弥补不足，重新探索自我生涯的丰富内涵，拥有更健康的身心。

优化自我觉察的策略

那么，女性朋友怎么样才能做到自我觉察呢，以下是一些优化自我觉察的策略：

1. 提升敏感性

敏感性是女性觉察力的重要指标，敏感性的缺失往往由于两个原因：

（1）对觉察对象过于“熟悉”而变得自我麻木。例如，恰恰对自己的家人缺乏觉察，不能及时关注到他们的需求和感受。

（2）过于关注过去和未来，而对于当下采取“不在场”的态度。有的女性朋友可能沉湎于过去的伤痛，或者总是期盼未来，而往往忽视了需要好好对待的当下。

与之相对应，敏感性的提升需要进行三个方面的训练：感官敏感性训练、专注于当下训练和勇气提升训练。

感官敏感性训练的目的就是让麻木的感官更加开放、充分地接受来自外在和内在世界的信息，恢复我们在幼儿时期的好奇心，提升我们的感受性。腹式呼吸训练是一种很好的方法。

具体操作：

使身体坐得舒适一些，放松全身。

右手放在腹部，左手放在胸部。

观察自然呼吸一段时间。

用鼻吸气，吸气时最大限度地向外扩张腹部，吸满，胸部保持不动，停留一秒。

用嘴慢慢吐气，吐气时，最大限度地向内收缩腹部，将气吐尽。

循环往复，保持每一次呼吸的节奏一致，细心体会腹部的一起一落。

2. 在内在自我觉察和外在自我觉察之间灵活转换

女性的生活智慧不足往往是基于两个原因：把外界的评价太当回事；过于沉溺于自己的内心世界。一个智慧女性应该善于在内在觉察和外在觉察之间灵活转换。换言之，就是能够敏感观察外界的同时又能清晰地感受自己的内心，觉察到自己以何种方式、何种情感、何种思维来与外部世界互动。例如，女性可以先从简单的环境入手，先觉察和丈夫的某一次对话，或觉察与孩子的一次游戏，或在工作中的一次会议。然后再逐渐提升情境的复杂性，例如，觉察一次家庭矛盾等。

觉察能力的最佳状态应是在生活中保持不断自我更新的过程。聚焦于觉察能力就意味着女性能够对当前的情景保持全身心的投入，在生活中有更多、更广泛的体验。觉察能力如同地下的一股溪流，是一种振奋人心的、充满活力的体验，越是觉察我们的能量将越充足。

善用积极防御机制

每个人都有一支 “防御军队”

人的内心世界，就像一座全副武装的城池，一旦有外敌入侵，“军队”就会行动起来，采取一系列的有效措施，最终目的是为了让我们的内心世界重回平静。

每个人都有一支独特的军队，这支军队的反应力和行动特点正是在一次又一次的对外抗争中逐步地形成起来。这就是弗洛伊德精神分析学说中提到的“心理防御机制”，指当一个人遭受挫折、经历应激事件或冲突时，其内心会产生烦躁不安、焦虑，甚至痛苦的紧张情绪，为了减少或避免这种现象的发生，人会在心理上运用一些自我保护的方式，来减轻或消除焦虑和痛苦。心理防御机制有些是积极、合理和有效的，有些则是消极和无效的。使用积极的“心理防御机制”可以使人摆脱困境获得成长，而消极的“心理防御机制”无异于饮鸩止渴，会导致恶性循环。

关于排队的小故事

有一天，你去银行排队取钱。

第一幕：你排长队准备取钱，好容易终于轮到你，刚要动作，一个年轻姑娘矫健地一闪，捷足先登了。

你的反应：站在原地，无动于衷。

那么你采用的心理防御机制是——“压抑”。

第二幕：姑娘出来了，你刚要动作，一个小女孩像离弦的箭一样抢先扑向取款机。

你的反应：在外面心平气和地继续等待，心里还是什么感觉也没有。

那么你采用的心理防御机制是——“隔离”。

第三幕：小女孩出来了，你刚要动作，一位老太太夺门而入。

你的反应：你想“年轻人让老人，应该、应该。”

那么你采用的心理防御机制是——“合理化”。

第四幕：老人出来了，你刚要动作，一个孕妇高喊着“对不起让让我”，一头扎了进去。

你的反应：你咬咬牙对自己暗暗地说“要是换了别人，早上去把他们臭骂一顿了。可是，我可不是这样没有涵养的人。”

那么你采用的心理防御机制是——“否认”。

第五幕：孕妇出来了，你刚要动作，一个外国女人打着手势正要往里挤。

你的反应：你突然冲上去，怒不可遏地劈手两耳光，并纵身骑到她身上一边暴打一边咆哮着“看你还得寸进尺了？老娘对你们这种卑劣行径早已经忍无可忍了！”

那么你采用的心理防御机制是——“移情”。

第六幕：警察接到群众举报说你殴打外宾，于是前来干预：他们救走了外国女人，并把你带上了警车。

你的反应：你想“他们只是碍于中外邦交的‘面子’而走走过场、骗骗老外而已。其实，他们心里是站在我这边的。”

那么你采用的心理防御机制是——“投射”。

第七幕：你被带进了派出所，出乎你预料的是，警察居然要对你来真格的！

你的反应：于是，你对问题拒不回答，一屁股躺在地上开始又哭又闹撒泼打滚。

那么你采用的心理防御机制是——“退行”。

第八幕：你被家人从派出所交罚金领了回来。

你的反应：从此闭门思过，于一年后出版一本畅销书《排队引发的人生思考》。

那么你采用的心理防御机制是——“升华”。

消极的心理防御机制

1. 压抑作用

压抑就是把不能接受的念头、情感和行动在不知不觉中压制到潜意识里去。例如，一位中年妇女的独生女在十八岁时死于车祸，事情发生在十月份。当时她非常痛苦，经过一段时间以后，她把这不堪忍受的情绪抑制、存放到潜意识中去，她已经“遗忘”了，生活也恢复正常。但这些潜意识中的情绪仍然在不知不觉地影响她的情绪，这位女性每年十月份总是会出现莫名的情绪低落，很难调适。

2. 否定作用

否定那些引起我们痛苦的事实，以减少心灵上的痛苦，这也被称作“鸵鸟”策略。鸵鸟在遇到危险时，采取的策略是将头扎入地面，避免看到危险的来临。例如，孩子打破东西闯了祸，往往用手把眼睛蒙起来；癌症病人否认自己患了癌症；妻子不相信丈夫突然意外死亡等。

3. 退化作用

当人们感到严重挫折时，常放弃成人方式，而用儿童的方式行事。例如，妻子发现丈夫出轨，在地上撒泼打滚。

“中庸式” 的心理防御机制

什么是“中庸式”的心理防御机制呢，这是指在某些情况下，我们使用这些防御机制，确实能帮助缓解紧张情绪，对我们的身心保驾护航。然而，正如谚语中所说的“任何一枚硬币都有两面”，过分依赖心理防御机制反而会引起消极的作用。

1. 幻想作用

指一个人遇到现实困难时，因为无力实际处理这些问题，就利用幻想的方法，任意想象应如何处理心理上的困难，以达到内心的满足。例如，“灰姑娘型”幻想，即一位在现实社会中不太如意的女性，坚信她有一天可以遇到诸如英俊王子式的人物，帮助她脱离困境。

2. 转移作用

指对某一对象的情感，由于某种原因无法直接表现时，而转移到其他较安全或较为大家所接受的对象身上。例如，一个女售货员或服务员刚在家里被婆婆批评了一顿，碍于做晚辈无法向婆婆发火，结果可能迁怒于一位顾客，导致服务态度极差。

3. 合理化作用

简单来说，就是给自己找个台阶下。虽然这些理由不一定正确，甚至是不客观或不符合逻辑的，但却强调用这些理由去说服自己，以此来避免精神上的苦恼。例如，吃不到葡萄说葡萄酸。

4. 投射作用

一般是指将自己所不喜欢或不能接受的性格、态度、意念，“投射”到别人身上或外部世界去，而断言别人就是这样的现象。例如，“以小人之心度君子之腹”。

5. 反向作用

又称“矫枉过正”现象，内心想的是一套，而表现出来的恰恰正好相反。例如，某个女性下班回家，看到丈夫没做饭，很不高兴，但并不表现出来，而是反过来向丈夫抱歉，说：“对不起，都是我不好，我回来晚了，害你饿着了。”反向作用是一个很有意思的防御机制，较之男性而言，女性更容易使用。

值得推荐的积极的防御机制

1. 利他

这也就是人们常说的“双赢”——把别人的需求和自己的需求和谐地统一起来，在满足别人的过程中自己也得到满足。例如，本来你正为没有受到提拔而气馁，在超市门口遇到一个年迈、行动不便的老人，你帮他捡起了散落一地的东西，老人衷心地感谢了你，此时你会发现你的心情也会有所好转。

2. 升华

人的有些需求和欲望，可能会受到处罚或产生不良后果，因此不能直接表现出来。如果能将这些需求和欲望导向更具有建设性、有利于社会和本人的方向，这便是升华作用。例如，一位女性嫉妒自己的好友拥有更高的薪水，理智又不允许她表现出嫉妒的情绪，于是她在工作上努力上进，积极进取，终于得到提升。升华对于社会和自身均有积极意义。

3. 幽默

幽默也是一种积极的心理防御机制的形式。当一个人遇到挫折时，常可以幽默来化解困境，维持自己的心理平稳。例如，大哲学家苏格拉底不幸有位脾气暴躁的夫人。有一次，当他在跟一群学生谈论学术问题时听到叫骂声，随着他夫人担一桶水来，往他身上一泼，弄得他全身都湿透了，在场的人都很尴尬。可是苏格拉底只是一笑，说：“我早知道，打雷之后，一定会下雨。”本来很难为情的场合，经此幽默，也就把事情化解了。

在了解了这些不同的心理防御机制以后，女性朋友们可以试着觉察一下自己常用的防御机制是哪几种，如果是消极的，那么我们就需要有意地改变一下，学会掌握一些更成熟的，更积极有效的防御机制。这样，当我们面临挫折时，才能有效地予以抵抗，缓解焦虑心理，有效地保护我们的身心健康。

性格类型 ABCD

据英国《每日邮报》报道：科学家最新研究发现，近80%的疾病都与性格和心理因素有关，所谓“性格决定命运，心态影响健康”，性格特征的重要性大大超乎我们的想象，它对每一个人的健康都起到很关键的作用，人的经历遭遇与心态性格总是互为因果，而性格心态又与人的健康有着千丝万缕的关系。女性着实应该反思一下自己的性格，不让健康因性格而受伤。

人的血型有 ABO 等分型，其实性格也可以根据特征分型。研究显示，性格基本上可以分为四大类型：A 型急躁好胜，B 型心平气和，C 型忍气吞声，D 型孤僻抑郁，同时它们也能分别映射出不同的疾病。

一个有趣的观察

1959 年，美国心脏病专家弗里德曼在他的诊所中，观察到一个很有趣的现象：A 型人格与冠心病之间关系密切。负责维修病人候诊室沙发与椅子的工作人员告诉他，这些沙发和椅子只是前半部分磨损严重，而后半部分却完好。似乎这些病人都只坐在沙发与椅子的前边缘，并抓住两边的扶手，仿佛随时准备着要离开座椅。这一现象促使弗里德曼怀疑这些心脏病患者的总体行为可能有特异之处，继而对此展开了深入研究。弗里德曼的医学实践是人类首次用科学的研究方法验证了性格特点与病症之间的对应关系，意义重大。也正是根据这一研究，性格的 A、B 两种模型开始被人们重视。有关人格与疾病的研究大量涌现。研究者相继提出了 C、D 型人格，与前面提到的 A、B 型人格一起成为 ABCD 人格类型。

性格可以再塑造

研究结果表明，每种人格类型都有各自的特点，也可能对应着不同的疾病风险。那么很多女性朋友在分析了自己的性格特点后非常沮丧。为什么呢？因为她们开始对号入座，怀疑自己已经患上或者将要患上某些疾病。

其实，所谓“江山易改，本性难移”并不准确，人的性格具有稳定性，但也具有可塑性。许多女性性格上的不足是由于后天或因环境而形成的，会随着自己的修行、朋友的提醒，不断得到改变。例如，最先提出A型人格美国学者弗里德曼自己就是一位具有典型A型性格的心脏病患者，后来他开始有意识地重塑自己的性格，控制不良的行为方式，结果在此后的几十年中，他的心脏病没有复发。因此，女性大可不必担心，越是了解自己的性格特点，能尽早提醒我们注意一些潜在的健康风险，越有利于督促自我进行重塑和矫正。

A型性格——争强好胜

【代表人物】

王熙凤：言谈极为犀利，是有名的“辣子”，精明能干，争强好胜。

【性格描述】

办事节奏快，有时间紧迫感，争强好胜，容易紧张、激动。

什么是A型人格呢？此A型与血型的A型完全不同，美国学者弗里德曼和罗斯曼两人观察研究了大量的冠心病人后发现，可用4个单词来概括这类患者的特性：易恼火、激动、发怒和急躁。这4个英文单词的首字母分别为AIAI，其中有两个A字，因此这种性格特质被命名为“A型性格”。

A型性格的行为模式包括六种特征：

· 具有强烈而持久的目标感。

· 热衷于竞赛性活动。

· 强烈持久的追求赞誉与进步的欲望。

· 连续卷入多项事务，挑战极限压力。

· 习惯风风火火地完成各种事务。

· 经常特意地使自己的心理与身体处于机警状态。

A 型性格者日常的特色表现：

· 经常同时做几件事情，喜欢催促别人并习惯很快结束谈话。

· 遇到交通堵塞或排队的状况非常急躁。

· 讲话时有很多手势，比赛时总是想赢，说话做事经常不耐烦。

【疾病风险】

A 型性格的人爱生气，他们办事节奏快，时间紧迫感强，争强好胜，遇到困难从不罢休。属于 A 型性格的女性大多处于领导地位，比如是单位的模范标兵、业务带头人或经理。由于过分看重名誉和成就，她们常忽视个人健康，不懂得如何照顾自己，经常处于紧张和压力当中。

这些女性的大脑皮层总是受到强烈持久的刺激，使得交感神经兴奋，心率加快，心肌耗氧，因而易患焦虑症、动脉硬化、高血压、冠心病。具有 A 型性格的女性朋友需要警惕，因为，她们患心脏病的概率可能要高于其他人。人群中 A 型人格患心血管病的概率是 B 型人格的 2 ~ 3 倍；而在冠心病患者当中，A 型人格的比例更是高达 70.9%。北美的一项研究也表明，心肌梗死的发病率 A 型人格是 B 型人格的 2 ~ 4 倍。冠心病患者中，A 型性格占人数的 70.9%。

【性格解围】

遇事多理智分析，而非感性对待，注意当发现自己太执着时，要提醒并调整释怀。尊重别人，多听别人意见，在语言、行为上应更为收敛柔和。特别遇到矛盾冲突时，需要暂时地“冷处理”。让 A 型性格的人安静下来最好的办法就是冥想或瑜伽。每天 20 分钟的独处时间，能够让急躁的内心平静下来，从而得到全身的放松。

另外，A 型性格的人很好学，可以多看书、多学习，通过汲取别人的经验来弥补性格上的不足。那些特别严重而不能自拔的 A 型性格的人，还可以求助于有经验的医生或心理学家，以便为自己做一个更仔细的评估，为严重疾病的发生早做干预。

B 型性格——心平气和

【代表人物】

贾母：贾府的“老祖宗”。她为人和善、宽容，有威严也不乱施。她对刘姥姥说：“不过嚼得动得吃两口，睡一觉；闷了时，和这些孙子孙女玩一会子就完了。”前者讲的是物质上的随缘，后者讲的是精神上的自我调节。贾母也是高寿，活到 80 多岁，在当时算是“人瑞”了。

【性格描述】

内心平静，没有大的情绪波动，节奏慢，容易相处，不易激动，从不着急。B 型性格的特点与 A 型性格完全相反，他们的心理和行为特征是：

·悠闲自得，不求名利，不在乎能否做出成就。

·缺乏时间观念。

·待人随和，不爱与人竞争。

·工作生活从容不迫，有节奏，对事业和婚姻比较满意。

5. 说话不像“A 型性格”的人那么快，那么高声。

【疾病风险】

由于 B 型性格的人对凡事都采取心平气和的态度，因此，他们的疾病发病率就相对较低，属于长寿之人。

【性格解围】

B 型性格的女性往往在生活中有较好的人缘，遇事不急，脾气温和。但也有不足之处，即平稳有余、进取不足。而且需要注意的是，虽然 B 型性格的女性看起来对名利不在乎，进取心不强，比较安于现状，但一旦遭遇失败，其内心依旧还是会感到受挫，也会出现困扰。

因而，对于 B 型性格的女性来说，可以多参加有竞技内容的活动来做个平衡，让生活更富于活力。

C型性格——忍气吞声

【代表人物】

贾迎春：贾府的二小姐，老实无能，懦弱怕事，有“二木头”的诨名。她在作诗猜谜上不如姐妹们，在为人处世上也只知道退让，任人欺负。她的攒珠垒丝金凤首饰被下人拿去赌钱也不追究，别人设法要替她追回，她却说，宁可没有了，又何必生气。他父亲贾赦被欠了孙家五千两银子还不出，就把她嫁给孙家，实际上是拿她抵债。出嫁后不久，她就被孙绍祖虐待而死。

【性格描述】

强烈压抑自己的情绪，好生闷气，回避矛盾，有孤独感或失助感。

一般来说，C型性格有以下特征：

· 很少公开表达自己的情绪，内心总是承受着难以解脱的压力，常常心情紧张焦虑。

· 怕面对人群，尤其怕被伤害，谨言慎行，夹着尾巴做人。

· 当做一件事没有成功时，常常自咎，懊悔不已。

· 对每一个有创新的计划都持悲观态度，极怕失败。

· 当发觉自己有可能患病时，拒绝告诉医生，患病不肯求医。

· 当觉得自己不如别人时，极度不安，老怀疑别人捉弄自己。

· 不愉快的时候常强颜欢笑。

· 从小就认为和家人有很深的隔膜。没有很密切的人际关系，情绪不安时，找不到人倾诉自己的心声。

· 认为生活无意义，无乐趣。

· 失意时靠镇静药来麻醉自己。

· 认为不把心事向人倾诉是强者的表现。

【疾病风险】

C型性格一度被认为是癌症相关较高的一种性格。C型性格为什么易患癌症呢？医学界的解释是：C型性格会严重妨碍体内的免疫机能，使这种机能不能充分发挥抗癌的作用。人体的免疫功能是对抗癌细胞分裂繁殖的重要保护屏障。在健康人体内，虽然正常细胞也可能发生突变而成为癌细胞，但人体的免疫系统能够在这些癌细胞增殖之前，及时将它破坏或者消灭，阻止其发展成为癌症。

【性格解围】

中国传统文化对女性的要求之一就是——隐忍。所以属于C型性格的女性朋友并不少。C型性格中消极的一面多过积极的一面。首先，应该增强自信心。应多与积极乐观、开朗外向的人在一起。不敢表达自己的想法时，可以有意识地让自己多说、多讲，不要怕说错，甚至在家可以练习演讲，逐渐打开心扉。其次，还应多交朋友，遇事及时向朋友倾吐，多参加集体活动等。最后，要学会认识自己的长处和短处，要克服回避矛盾和过分忍耐的缺点。

D型性格——孤僻抑郁

【代表人物】

林黛玉：诚如林黛玉自己所言，“我原本是一个无依无靠投奔来的”。正是这种寄人篱下的不幸，在其内心世界造成了强烈的自卑。

林黛玉吃穿享乐不愁，但是没有健康又得不到爱情，精神上极度痛苦。贾母说她“心重”，薛宝钗说她“素多猜忌”。黛玉“不是愁眉，就是长叹”，年纪轻轻就香消玉殒了。

【性格描述】

独来独往，沉默寡言，明显消极忧伤和孤独压抑，经常无缘无故地担心，而且对自我抱有消极观念。D型性格的人往往沉默寡言，待人冷淡；缺乏自信心，有不安全感；性格孤僻，爱独处，不合群；情感消极，忧伤，容易烦躁不安。

【易得疾病】

在荷兰进行的一项研究显示：如果一个人的性格总是消极、羞怯内向，会增加患有外周动脉疾病的风险。当血液中的斑块在动脉中聚集时，就会影响血液流向身体各部位、心脏和大脑，引起外周动脉疾病。此外，

D型性格的人是情感消极，容易烦躁不安，易患抑郁症、心脏病和肿瘤。

【性格解围】

D型性格属于纯阴性格，特别消极及抑郁。要改变这种状态，需要锻炼心智，包括积极的锻炼身体，心里要有阳光，才能真正的灿烂起来。因而要谨记六个字：耐心、创意、互动。

要改变离群独处的习惯；多参加社会活动；多交朋友，培养兴趣爱好。让自己的心与外在环境达到圆融通达，勇敢走出去。

多与人沟通，学会向他人倾诉，与别人分享梦想。家人的关爱，有助于打开D型人的心扉，使他们能够将内心中的低谷情绪随时排解和释放。

第二章　亲密中的智慧

——现代两性关系分析

男人来自火星，女人来自金星。不管从心理特点、健康状况、衰老速度、最佳生育年龄，还是对感知等方面，男女之间都存在很大差异。男女差异不仅表现在思维方式，其主要的情感需求也不尽相同。心理学家归纳七种积极的情感：爱、关心、理解、尊重、感谢、信任、接纳。在爱的同时，男人渴望被感谢、被信任以及被接纳；而女人更加渴望获得关爱、理解与尊重。

男女有别大不同

男女差异不仅表现在思维方式，其主要的情感需求也不尽相同。男性渴望被感谢、被信任以及被接纳；而女性更加渴望获得关爱、理解与尊重。

1. 女性六大系统更脆弱

男女不仅胸部和生殖系统有差异，大脑、心脏、肠胃、皮肤等诸多器官都不同。

（1）免疫系统疾病。女性的免疫系统大起大落，她们虽然比男性更长寿，却更容易患上红斑狼疮、类风湿关节炎和多发性硬皮病等疑难病症。

（2）心脏系统疾病。女性第一次患心脏病的年龄要比男人晚 10 年，可一旦患上，往往是致命的。

（3）运动系统疾病。女性的韧带天生就比男性脆弱得多，伤后也更难恢复。研究显示，韧带在月经期间及月经结束后一周最为脆弱。女性此时应少做踢毽子等要求反应快、准确性高的运动，以及跳舞、打球等需左右挪移的运动，还要尽量避免提重物。

（4）神经系统疾病。女性更容易患抑郁症。进入更年期后，女性患老年痴呆的可能比同龄男性更大。因此，停经后的女性，不妨常喝豆浆、吃豆制品，弥补雌激素的不足。

（5）消化系统疾病。男女唾液中的化学成分不同，即使吃同样食物，女性要花更多时间去消化，患慢性便秘的可能是男性的 3 倍，患肠道疾病的可能是男人的 2 倍。

（6）骨骼系统疾病。女性比男性晚年更容易发生骨骼严重萎缩。所以，女性应把补钙作为毕生的营养功课，平时多吃奶、鸡蛋、豆制品等高钙食物。

患病后，女性吃的药比男性多。药物对女性产生副作用的概率比男性高一倍。使用麻醉药时，女性醒来的时间比男性平均早 7 分钟。

2. 男人智商高女人语言好

男性大脑比女性大脑重 100 克，多出 4% 的脑细胞，所以他们的平均智商比女性高 3 ~4 分。但女性的脑神经更为稠密，在语言上更胜一筹，口吃的男性比女性多。女孩学话比男孩早，多数女性健谈，常常向伙伴倾诉内心烦恼，借以消除压力。在知觉方面，女性高于男性，她们阅读、领会快。但对细节的知觉不如男性准确。男女的记忆也大不相同，女性胜过男性，但在缓慢逻辑性理解上，如推论或归纳，女性不如男性。女性善于记细节，男性善于记大局。记路时，女性一般会依据地标性建筑来确定位置。而男性更擅长凭公里数、方向来记忆。女性具有较大的耐性和良好的直觉与记忆，她们的教学成就优于男性。女性机智、灵敏，能较快从困境中解脱出来。

3. 男性只能“一心一意”

女性比男性爱看小说，会跟着主人公一起哭一起笑。心理学发现女性拥有“情感化”大脑，男性拥有“机械化”大脑。这就注定女性经常设身处地感受他人的处境，而男性表现就比较冷酷，不太能理解人。女性能一心多用，同时处理几个事务，而男性大多只能一心一意，专注于某项任务。女性做事也不耽误与人聊天，而男性与人对话时必须集中精力。

4. 女性疼痛比男性更敏感

如果身边的女朋友因划伤手指而尖叫，千万别嘲笑她娇气。因为女性每平方厘米皮肤上有 34 个神经纤维，而男性只有 17 个。所以，女性比男性对疼痛更敏感，尤其容易患上偏头痛、颈部及肩部的慢性病。约有 70% 的慢性疼痛患者都是女性。虽然女性对疼痛更敏感，但是女性的耐痛能力却要高于男性，这也是为什么女性可以忍耐每一个月一次的痛经，以及分娩生产时的剧痛。

5. 女性衰老快男性皱纹晚

更年期后，女性大脑的衰老比男性更为明显，随着年龄增长，会比男性更早进入痴呆状态。除了容易谢顶外，男性普遍比女性衰老得慢，尤其是皮肤，比女性长皱纹更晚。

6. 女性嗅觉好男性视力好

在气味上，女性的感知能力比男性强，能辨别出微小的味道差异；在视觉上，男性夜间视力比女性强，而且更能辨别方向，女性则可以更好地感知颜色。男性色盲要比女性多，主要为红绿色盲。

7. 女性缺钙男性缺锌

虽然夫妻二人每天同桌吃饭，营养需求却各不相同。女性最易缺乏钙和铁，男性则容易缺锌。年龄在 19 ~ 50 岁的女性平均每天大约需要补 18 毫克铁；相比之下，男性平均每天补 8 毫克就够了。50 岁以前的女性每天大约需要补充 800 毫克钙，50 岁以后则需要 1000 毫克或更多。相比之下，男性虽然也需要补钙，但得骨质疏松的概率比女性要小得多。男性应多吃海产品、猪肝、牛肉、紫菜、芝麻等富含锌的食物。

8. 男性 30 岁以后生孩子最好

法国遗传学家摩里士的研究表明，男性精子质量在 30 岁时达到高峰，然后能持续 5 年的高质量。因此，男性在 30 ~ 35 岁生育最好。女性的最佳生育年龄则是 24 ~ 29 岁。这一时期，分娩会更顺利。

9. 男性最不喜欢问路

女性做决定的速度比男性快；男性喜欢冲锋式的工作，间隔休息，女性则喜欢以同一个节奏工作；女性到家门口才掏出开门的钥匙，而男性早就掏了出来；女性去商店之前，会列出一个购买清单，男性只有在冰箱里空无一物时才会想起去购物；当迷路时，女性会很快停下来问路，男性则会到处乱转，不惜跑冤枉路。

了解这些性别差异，尊重这些差异，是女性建立和谐两性关系的第一步，也是最基础、最重要的一步。

婚前和婚后

案例

一对夫妇的故事

一对十分相爱的男女，一起走进了婚姻殿堂。婚后，丈夫把全部精力都投入到了工作上面，无暇再时常对妻子甜言蜜语。妻子呢，觉察到丈夫的冷淡，每天做好一切尽量取悦丈夫，而丈夫却无所反应。

此时妻子大概会想，他不再像以前那样爱我了，以前他对我的一应大小事都紧张，现在竟然对我不闻不问了。妻子便会对自己的付出开始记账，她期望自己的付出有一天会有回报。而丈夫却不知道妻子内心的变化，觉得现在的生活方式很正常，完全没有觉察出有任何问题。

久而久之，一直期待获得丈夫温情反馈和回报的妻子，见丈夫无动于衷，慢慢开始变得有怨言，并带着怨恨付出，付出得越多她的怨气越深，感觉越加失衡。此时的丈夫还没有发现问题的严重性，只是发现妻子会因为一点小事大动肝火，丈夫觉得妻子莫名其妙，自然也不会甘拜下风。这时，争吵就变得不可避免，成为家常便饭了。

【分析点评】

以上这种情况，很多结婚的夫妇可能都有类似的经历，而没结婚的女性可能也正存有这种担心。其实，矛盾的根源只是个误会。男性习惯集中精神做最重要的事，婚前女朋友是他最想要也是最重要的，所以他会较用心地来取悦芳心，而一旦结婚，男性误以为这便是两性关系的终点，他会觉得妻子已经是他的了，转而将全部精力投入工作。事实不然，结婚只是两性关系的开始。

夫妻双方若长期处于对峙状态，辛苦工作一天回家后，不能相互理解和关怀，势必会造成整个家庭气氛的紧张。妻子觉得丈夫和婚前相比判若两人，自己失去了丈夫的关爱，不再对丈夫抱以体贴关怀。同样，丈夫对妻子的脾气感到头疼，对妻子缺乏理解和尊重，觉得婚后的女人怎么变成了怨妇。两人都不清楚对方的真实需求，也没有主动寻找解决问题的途径，那么就可能造成恶性循环，甚至导致矛盾进一步激化，分道扬镳。

人们常说婚姻与恋爱不同，婚前无论是男性和女性，都比较倾向于关注对方的优点，但是一旦结了婚之后，好像很多潜藏的问题都凸显出来，开始逐渐发现双方的差异。难道真的是因为结婚带来的转变吗？还是在婚前这些差异就已经存在只是我们不知道呢？如果答案是肯定的，那么女性朋友应该首先正视这些差异，才能避免在婚姻中由这些差异所引发的冲突。

从互补的角度看待冲突

女性若能了解两性关系中彼此的不同，并理性看待，那么将是应对婚姻问题的一大助力。男女在应对两性关系时，尤其是婚姻，所持有的态度和观点是不同的。《圣经》中提到，上帝在创造人类时，认为亚当独居不好，所以便要造一个配偶夏娃帮助他，所以可以说从人类进化的角度，男女之间本来就是彼此互补而不应是相互冲突。

在婚姻中，若只从自己的视角看问题，那么显然存在着盲点，也正是因为这些盲点，导致婚前和婚后仿佛变化很大。譬如说妻子只看到了丈夫对自己的关心不足，丈夫只发现妻子越来越多的怨言，无论是哪种视角，看到的信息都是有限的。因此才出现了冲突和对峙。如果夫妻双方能够同时站在彼此两个视角看问题，那么两个人看到的信息就是360°的，将把整个问题看得更加清晰透彻。简单来说，两个人看肯定会比一个人看得清楚，这就是互补的视角。因此，女性朋友不要回避和拒绝婚姻中的冲突和差异，反而要去欣赏这些差异，正是因为差异才让婚姻生活多姿多彩。如果婚前能够客观理解彼此的差异，那么婚后夫妻双方将更加和谐。

婚姻中的男女

1. 处理配偶的情绪

男：消防员角色，喜欢为人解决问题，认为分担情绪不大有用。重要的是提出实际建议，为对方解决问题。

女：对人对事十分敏感，丈夫有情绪困扰时，她喜欢寻根究底，问个究竟，希望能分担对方的情绪困扰。

2. 爱意的表达

男：喜欢用行动来表达爱意，送礼物、陪伴对方都是他们表达爱意的方法。

女：喜欢用耳朵和嘴巴来表达爱意，爱听甜言蜜语，也喜欢用说话来表达心声。

3. 性爱的次序

男：视“性”为爱的表达，透过“性”去爱，胜过用说话表达爱，“性”能加强他们对爱的感觉。

女：先要有被“爱”的感觉，性欲才被挑旺，不能忍受没有“爱”的性。

婚姻中的爱是深深的理解和接纳

在婚后生活中，很多女性开始管理家事，安排各种家庭生活。对家庭的操控感是女性很看重的一种体验，久而久之，会形成一套习惯的模式。妻子通常会希望丈夫能够配合自己的安排，同时也对丈夫的行为和语言抱有特别的期待。例如，希望丈夫不乱扔袜子，希望丈夫多说体贴的话等。可现实生活中，丈夫的很多行为总是与妻子的期待背道而驰，因此，妻子尝试想尽一切办法改变丈夫，不见成效时，便会感到受挫和失望。

女性朋友们需要意识到，当我们想办法用外力强行去改变对方的时候，往往收到的效果甚微，甚至会引发更多的冲突和不愉快。

那么，我们应当如何去避免再添烦恼，同时又解决原有的问题呢？首先我们就需要重新理解“爱”的概念，爱不是控制，也不是试图改造对方，让对方按自己的意愿行事，而是“我愿意尝试站在对方的视角，并学会有选择地接纳对方”。例如，不会穿衣打扮、吃饭速度过快、坐相不雅，这些问题跟道德品质和真理无关，需要夫妻双方都共同相互接纳。接纳的本意并不是单纯的忍耐，而是理解、不强行改变，甚至从积极的视角去欣赏。然而，对于一些品格方面的特点，譬如对方的一些恶习，像吸毒、酗酒、暴力、赌博等，则需要客观评价，及时帮助对方改正。

避免“鸡同鸭讲”

表露——指向他人表达自己的想法、情绪和感受。男女在表露自己时，使用的语言和方式有很大不同，如果不了解这些用语的真正含义，就会产生误解。

案例

婚姻中易起冲突的对话

一位妻子对丈夫说：“你从来都不关心我。”

丈夫回应说：“不对，昨天你身体不舒服，不就是我做的饭吗？”

妻子：“你做一顿饭就不得了，我一年365天天天做饭呢。”

丈夫：“难道我没帮你吗？再说，我那么忙，你要理解我。”

妻子：“你的意思是我不理解你了？”

丈夫：“我不是那个意思，我只是说我有我的工作。”

妻子：“你有工作，我也要上班呀，你就只顾自己，你为这个家做过什么？你看你天天那么晚回家，买菜、做饭、接孩子，哪件不是我干的？”

丈夫这时低头忙着看手机。

妻子大吼一声：“你压根就没听我说话吧。”

丈夫吓了一跳：“我不是正在听吗，我怎么没做，我不是还拿钱养家吗？”

妻子：“这就够了吗？”

丈夫也大声起来：“那你还要怎样？”

谈话到这时陷入僵局，妻子狠狠地瞪着丈夫，气得火冒三丈，一扭头走进卧室，“砰”的一声摔上了门。而丈夫此时，觉得莫名其妙，认为自己的妻子又开始没事找事，无理取闹。

【分析点评】

妻子使用“从来都不”这样的话语其实并不具有真正的特指作用，她只是想表达自己当时被忽略的心理感受，以及丈夫当时给她的关心和体验不够；而丈夫则只注意到了“从来”这个用词的不准确，因此，急于从实际中寻找证据以表明自己的关心。结果越说越乱，反而闹得两人都不愉快。

其实真正的原因就是两性表露上的差别，男性往往很少表露或是直接表露，而女性就显得较为含蓄，多采用非直接的方式，希望男性能够猜透她的心思，她们认为直接表露出来就没有意思了。很多男性此时就会显得束手无策，女性也就扫兴结束。

女性在表露时的特点

（1）女性交谈的目的，是获得别人确认和支持的有效方式，女性从彼此交谈中，或者找到双方的共同点，或者体会到对方的理解。

（2）多使用感情色彩浓的语句。如妻子说“你不再爱我了”，女性注重使用情感色彩强的词汇，当丈夫听到这样的说法时，他们常常可能会说：“我怎么不爱你，我要是不爱你还会和你在一起吗?”此时女性要表达的往往是说“你不像以前那样对我了”。女性心理特征最突出的表现是比男性富于感情。这是因为女性的神经系统具有较大的兴奋性，对任何刺激反应都比较敏感，无论是愉快的或是厌烦的，都会通过表情和姿态表达出来，如脸红、哭、笑、发怒、喊叫等。

（3）易用绝对化的概括词。如“你没有一件事做得让人满意”，其实并非没有一件事令人满意，只是她要特别强调自己现在的不满意，而此时男性如果真的认为她说的是事实，必然大为不满，一场冲突就难免了。

（4）身体语言多。女性在表露自己的观点或看法时经常使用身体语言，一个眼神、一个噘嘴、一个手势等都希望对方能够心领神会。

男性在表露时的特点

(1) 谈话是一种维护自我形象的竞赛。男性受着来自外部环境和来自内心双重压力。男性被公认要“勇敢、果断、有胆识”——这是外界对他们的要求。另外，为了维护男性尊严，男性发言常具有攻击性，时时担心自己的尊严是否受到蔑视，自己的能力是否受到质疑等，内心十分紧张。于是，男性几乎将生活中的一切活动视为验证自我的机会，谈话自然也不例外。结果，谈话成了维护自我形象的一种竞赛，在这场竞赛中，要么为了取得某种优势，要么要抵制被对方摆布。

(2) 男性表露中强调独立自主。他们不像女性一样，以亲密关系为荣，竭力保护与别人的亲密关系，获得别人支持。男性的“独立自主”的意识非常敏感，不喜欢把亲密关系时时挂在嘴边。因此，生活中很少听到男人“这事我得回家和老婆商量”，而女人则很乐意说：“我得和丈夫商量一下再做决定。”

(3) 男性喜欢分析，重视理性。男性的谈话大多强调就事论事，纯粹的情感抒发比较少，一般较少适用富有感情的形容词，身体语言的运用也较之女性更少。

由此可见，男性与女性的表达方式不同。男性应将女性的琐碎看作她们兴致很高，与自己亲密的表示。而女性也应理解男性有利用谈话来引起众人注意和钦佩的爱好。

当一个女性难过或是情绪化时，她可能挥舞手臂乱哭乱叫，不停地用富有感情的形容词讲述自己的感受。她需要被照顾、关心，有人倾听。对于女性来说，情绪化的表现是一种交流方式，她可以很快恢复并忘记，但男性却感到对她的问题有责任找到解决办法，否则，就会认为自己很失败，这就是为什么当一个女性情绪化时，男性会感到难受或生气，希望女性尽快停止哭泣，因为男性缺乏方法去阻止哭泣。男性认为抱怨意味着“必须找一个解决的方法”。而大多数情况下女性的交谈与其说是为了获得信息，倒不如说是为了寻求感情上的支持和安慰。

冲突中的积极动力

婚姻中，冲突的出现是难免的，越亲密的关系越容易出现冲突。夫妻双方都比较在意的事也越容易引发冲突。而且我们发现，在两性关系中，冲突的发生其实很少真正与事实有关，而大部分冲突的爆发和一个人对事实的解释、态度、看法和双方的价值观有密切关系。

女性可以通过下边三个题目进行一次冲突认知的小测试：

·冲突会对关系造成伤害，所以要极力避免。

·让步是结束争论的最好方法。

·面对冲突不用做什么，都交给时间吧，时间长了自然就解决了。

如果三个题目，你都非常赞同，那么我们需要意识到一个问题，自己面对冲突时可能使用了比较消极的态度，可以考虑调整自我在婚姻中处理冲突的方式。

为什么我们要强调冲突，因为冲突中存在积极的动力，有没有能力处理冲突决定了婚姻的稳定与幸福。婚姻研究发现，婚姻关系中负面互动的部分，比起正面、愉快的部分，反而更能准确地预测婚姻的幸福及稳定与否。因此，冲突中存有积极的动力，有没有能力面对、解决冲突，决定了情侣、夫妻的未来。

易引起冲突的对话方式

1. 刨根究底

妻：出了什么事吗？

夫：没有。

妻：我知道你一定有事，是什么事？

夫：没什么事。

妻：没什么事？你别骗我，到底什么事？

夫：听着，我很好，请让我一个人静一静。

妻：你怎么可以这样对待我。我那么关心你，你却不停地把我推开。

2. 忽略情感

妻："我每次洗头时都脱很多头发，头发越来越少，万一脱光了怎么办？"

夫："不用担心，我明天陪你去买个假发吧！"

妻子足足生了他的气一个星期，这位可怜的男士怎么"死"的都不明不白。

3. 给意见

妻：你妈妈什么时候要过来和我们一起住？我很是担心，我怕跟她相处不来。

夫：你担心是多余的，我妈不难相处，你就多带她出去逛逛，陪她晨练，迁就一下她老人家就好了。

4. 修正派

夫：我天天工作到10点，真累。

妻：只有周三和周五才工作到10点吧。

夫：可我上班得坐1个半小时的公车呀。

妻：是1个小时。

夫：那我周末也得加班呀。

妻：只是偶尔吧！

5. 指责和批评

夫：今天真倒霉，手机丢了。

妻：你做事怎么老是那么不小心，你看几千块又打水漂了吧。我早就劝你你也不听，不知你几时才学会小心谨慎！

6. 否定

妻：我上司近来对我十分挑剔，说话很不客气，我真想辞职不干了。

夫：我觉得你太敏感了，你上司人不错呀，对员工一向公平正直，千万不要辞职啊，我们还要还贷款呢！

7. 讲人自讲

妻：我的偏头疼越来越厉害了，最近尤其严重，弄得我都没法工作。

夫：你再痛也不如我的腰骨痛，每走一步都痛得要命，吃止痛药也没用，我比你惨多了。

引发冲突的四大杀手

1. 批评

“怎么做事的，没有一次让我满意。”这类说话破坏性很高，听的一方会感到被人身攻击。

2. 轻蔑

“这样的事你都能做得出，不知你爹妈怎么教的。”轻蔑嘲笑、讥讽、挖苦杀伤力巨大，并且能够引来第三大“杀手”——反击和自卫。

3. 反击与自卫

“我没有”“都是你才让我成为这样子”“不过你也比我好不到哪里去”。防卫听来有些像找借口，一味为自己推卸责任，但只会引发更高的冲突。这一“杀手”的最大能力是火上浇油。

4. 冷漠的墙

把对方的话当耳边风，不沟通、逃避沟通，甚至离开现场。这一杀手看似杀伤力不强，但它会让冲突陷入僵局。

常见的冲突模式

1. 指控型（攻击）

在冲突中，夫妻任意一方强烈的抨击对方，甚至挑衅。

2. 讨好型（屈就）

一味忍让、迁就，不在乎客观的对错，只求停止冲突。

3. 计算机型（冻结，冷战）

一旦出现冲突，就进入“死机”状态，采取冷漠的态度。

4. 小丑型（逃逸，避重就轻）

回避关键问题，采取迂回策略，不正面对待冲突。

5. 真诚型（寻求双赢）

正视承认冲突的存在，积极应对，并寻求双赢的解决方法。

在五种冲突模式中，最后一种是比较推荐的，这种模式能够让夫妻双方在解决冲突的过程中寻找积极的动力。

冲突十戒

不要在众人面前争吵。

不要在儿女面前争吵。

不要在情绪失控时争吵。

不要翻旧账。

不要牵涉到对方父母和家人。

不要以偏概全，一概而论。

不要讲不能改变的事实。

不要大声喊叫（控制怒气）。

不要动手。

不要轻易说“我们分手或离婚”。

关系修复要诀

第一步：STOP技术，也叫延迟反应技术。指我们在冲突中，为了更好地控制情绪，在做出反应时，有意识地停顿10秒钟，并做几次深呼吸。深呼吸会让我们的神经兴奋性适当降低，避免突然情绪爆发。

第二步：觉察自己当前的情绪状态。思考我需要什么？我想表达什么？

第三步：聆听。要给予对方时间和全神专注，先听听对方正在说什么，不清楚的地方要问个清楚。例如，“你的意思是……对吗？”“我听到你说……是不是？”

第四步：响应感受。“我理解你现在很伤心”。“我知道你现在工作压力很大，很烦躁”。

倾听者的三种回应方式：

感谢：“谢谢你愿意跟我说你的感受。”

共情：“我可以体会、了解，你会有……的这种感受。”

请求原谅：“抱歉是我引发了你……的这种感受。”

第五步：在对方表达完自己的感受和想法之后，征求对方的意见，是否同意听听你的想法。

第六步：完整的表达自我的感受。例如，当……（描述事件，情景）时，我觉得……（表明情绪），因此当时我的想法是……我所需要的是……（探索心理需求），对于这个问题我的建设性想法是……（我下次可以改进的是……），我的建设性行动是……（我需要你帮助我或为我做的是……）。

注意事项：在进行关系修复时，每次只处理一个问题。

两性关系保鲜术

是否拥有亲密的伴侣对于每位女性都极其重要。什么样的人最有吸引力？什么样的特点最吸引异性？初相识时是什么最吸引？又是什么样的魅力让爱情婚姻历久弥新？夫妻相处是一门学问，也是一门艺术。两性关系并非亲密无间最好，亲密有间才能保鲜。

吸引力法则

1. 相互的吸引力是两性关系的开始

恋爱期，男女很容易形成强烈的相互吸引。原因一，两性相吸的自然规律，就像磁铁的正极和负极永远互相吸引一样，男性和女性之所以相互吸引，其最重要的原因是男性和女性的差异；原因二，探究对方的心意，寻求对方的认可。这时的情绪大多患得患失；原因三，陌生感和新鲜感会带来吸引，不断发现对方的各种特点，从心理到生理，这一阶段最具有吸引力，能聚焦注意力和好奇心；原因四，激情让心理感觉敏锐。

使男性和女性最终走到一起的吸引力并非来自某一方，是双方共同发出的。只有相互呼应才能让吸引力变得十分强大，两块“磁铁”才会紧密结合。而吸引力的丧失，也正是导致许多婚姻失败的罪魁祸首。

2. 吸引力在情感也能历久弥新

法国思想家泰恩也说过：“结婚的定义就是互相研究了三周，相爱了三个月，吵架了三年，彼此忍耐了三十年，这就叫婚姻。”看到这，女性可能会想，那怎么办呢，难道男女之间就要三个月离一次婚，再结一次婚才幸福吗？当然不是。

人的感觉器官有适应性，对相同的刺激可能很快就适应了，适应后也就不再那么敏感。例如，人们进入公共厕所，前5秒钟是感到臭味最难忍耐的时候，但5秒后，感官就开始适应，最后甚至感受不出什么臭味了。引申开来，人们形容平淡夫妻没感觉，就像“左手拉右手”，从心理机制上来说，是一种综合的感官适应。

其实，两性交往初期的吸引力确实会随着时间减弱，但是，婚姻并不是吸引力的终结。实际上，在建立了感情的基础上，两性双方仍然可以保持对自己伴侣其他方面的好奇和兴趣，我们会惊异地发现，我们对伴侣和自己的思想、感觉和作为等方面的差异，也仍然很感兴趣，甚至会与日俱增。当然，其前提是持久地用心经营，让两性差异发挥作用，始终使感情充满活力。

3. 吸引力之外要不否定自我差异

在正确处理差异所带来的冲突的前提下，又不否定真实的自我差异，这样夫妻之间才能保持持久的吸引力。相反，放弃自我去取悦伴侣，最终会置感情于困境。在现实生活中，女性更加容易为了希望获得男性的欢心而放弃自我，反而使自己越来越失去吸引力。毫无疑问，只有当女性在婚姻中保持变化，不断地丰富自我，就能够更深地挖掘自我的魅力，从而产生持续不断的吸引力。

根据心理专家的研究，一段爱情平均寿命是两年。一旦陶醉过去，进入到现实的婚姻中，个人真实的愿望、情绪和行为模式，就会现出原形。要为爱情婚姻保鲜，就要学会五种爱的语言：肯定的言辞、精心的时刻、接受礼物、服务的行动和身体的接触。

豪猪理论

常常有人说我们因相爱而结合，因了解而分手，其实两个人非常相爱，但是越相处在一起越了解对方的时候就发现越没有办法忍受。就像阿拉斯加的豪猪，寒冬大雪纷飞的时候，两只豪猪就要互相靠在一起取暖，但是它们身上的刺就会戳痛到对方，要是分开的话又冷得受不了。其实在结婚之后，男女在情感上面真的是难分难舍，然而在现实生活中恰恰亲密无间可能会给婚姻带来伤害。

夫妻本由两个独立个体组成的，又在不同的环境中生活了至少20多年，各自有不同的遗传基因，不同的成长经历，不同的交际圈，彼此的性格、志趣、习惯、爱好都有区别。因此，要想让两个不同的独立体关系更融洽，那就需要保持适度的距离。

1. 恰当的距离

王女士和她丈夫曾经做过一段很长时间的周末夫妻，因为那时候没有房子。在工作日时，他们总是时刻憧憬着见到对方的感觉。后来，终于有了自己的房子，然而王女士和丈夫都感觉夫妻之间好像有了什么变化，天天在一起，争执开始增多，两人往往都是为的一些鸡毛蒜皮的小事大动干戈，甚至相互敌视。他们不约而同地怀念过去那种周末见面，平时思念的生活。

王女士心想，难道是丈夫不再爱我了吗？还是恰到好处的距离感会增加夫妻彼此的魅力指数，也让生活更加有滋有味。

这里提到的距离一方面指物理意义上的距离。俗话说“小别胜新婚”，夫妻天天在一起，难免会因为各种问题发生争吵。妻子一气之下回娘家，三五日之后愁消气解，开始对丈夫有了挂念。而独自在家的丈夫也因妻子的离开倍感不适。于是，双方又会重归于好，甚至感情还会升温。

我国社会学家曾对上海300对夫妻进行了“你希望朝夕相伴，还是短暂别离”的问卷调查，发现竟有271对夫妻选择后者。这从一定意义上说明，夫妻每天的亲密无间并不是大部分人的期望。

两性的结合是感情、生活的结合，而不是个性、人格的溶解，双方更不是彼此的影子，因此不要强求形影不离。否则，就像不停地吃东西会使人丧失食欲一样，老黏在一起也会使人兴趣索然。彼此给对方一个距离，一个空间，反而能增加夫妻间的新鲜感。从心理学上讲，这是由于人为地造成距离，使彼此在对方的心目中的形象有了常新常青，形成了一种良性的效应。从某种意义上说，没有距离就没有自由，没有距离就没有吸引，时空的间隔往往会增加爱的强度。

2. 相对自由的心理空间

有少数女性难以接受爱人与异性的正常交往，总担心有朝一日自己会被挤掉，于是常常做出一些不太明智的行为：爱人接了一次异性的电话或家中来了一位异性朋友，就拐弯抹角地打听，或对来的客人左审右视；也有人以宣布“纪律”的方式控制对方的活动，包括查手机、干涉社交，甚至跟踪追击，使对方没有一点自由的心理空间。这样做的结果是对夫妻之间的亲密感，尤其是信任感造成损害。

其实，女性使用这样的策略来管控婚姻，自己也会非常吃力和紧张，长期处于战备状态，难免可能心神不宁，甚至导致疑神疑鬼。试想，靠“看管”的婚姻，还有多少活力呢?

每个人都需要一个相对自由的心理空间，这样的空间意味着尊重，尊重对方的心理空间其实就等于尊重他的人格。所以才有这样一句经典的话：如果你爱某样东西，那么你就让这样东西以自己的特性独立存在。换句话说，婚姻中，应该为对方保留属于他自己独特的心理空间。如果我们不能让对方拥有属于他自己的心理空间，那么他就会很快感到被束缚或窒息，进而想摆脱这种关系。

所以，在一般的家庭生活中，决定成败的不是爱情，而是是否让对方拥有个人独立的心理空间，不无端地闯入其心理空间。

快乐夫妻常做的事

（1）快乐夫妇说他们跟伴侣有很多共同点，例如共同的爱好、喜欢的食物等。

（2）快乐夫妇说他们之间偶尔会争论。争吵是夫妻间进行交流的一种方式，能让彼此关系更密切。

（3）快乐夫妇曾给彼此按摩，在日常生活中有非常多的身体接触。

（4）快乐夫妇经常亲热，即使在一起二三十年了，仍然能保持较频繁的性爱。

（5）快乐夫妇认为交谈十分重要，每天留出时间说说话，是婚姻关系当中最令人满意的部分。

（6）快乐夫妇说他们会为对方保留一些秘密，给彼此留些空间，双方会更有吸引力。

（7）快乐夫妇说性格胜过性爱，好的性格能让两人成为朋友式夫妻。

最容易影响夫妻快乐的事情

（1）从没有好好安排假期会影响快乐心情。

（2）很少或从来没有出去约会。

（3）在日常生活中，极少有身体接触。

（4）伴侣很少对自己笑。

（5）伴侣很少一起完成家庭事务。

男性心目中的理想女性

注意个人形象，衣着得体

男性心目中的理想女性不一定需要美丽动人，但需要注意个人形象，衣着得体。不管是日常生活还是正式场合，她的衣着无须高档抢眼，只要干净得体，行为举止应景应时。本着内外兼修的原则，她知道整理发型、控制体型，找到属于自己的穿衣风格。

重视性爱

她有健康的性观念，懂得主动，能跟丈夫坦诚交流对性爱的感受。

重视家庭气氛

会几道拿手好菜，能安排一顿丰盛的晚餐。注重一天当中与家人相处的时间，能够营造温馨和谐的气氛。对家务游刃有余，还能有创造性的灵活应对。尊重孩子，与孩子的关系亲密融洽，有意识地安排与孩子共处的亲子时间。

保持学习的心态

作为女性首先要有一个勤于学习和思考的大脑。现代社会，知识的更新非常快，女性每天面临着新的挑战，假如不抓紧时间学习，恐怕连工作岗位都成问题。因此，男性心目中的理想女性，需要保持学习的心态，适当的阅读和学习能够让女性跟男性有更多的共同话题，还能提升女性自身的气质。而且，阅读和学习也是一种兴趣爱好，能丰富女性的业余生活。

偶尔跟男性一起做梦

油盐柴米的生活里，男性心中偶尔会溢出一些不切实际的梦想。就算太过虚无缥缈，女性也不要不留情面地嘲笑和打击。有心情的时候，女性可以跟男性一起做梦，憧憬一下未来美好的生活。

带点幽默气质

女性的温柔和善良是糖，但一味的甜也会让男性觉得腻。幽默气质是盐，它在女性的身体中分布稀少，可一旦存在，就能调出与众不同的味道——跟那些一板一眼、严肃单调的女性相比，有幽默感的女性当然更有情趣。

爱屋及乌

男性对女性的希望是："爱我，就主动关心我的家人。"女性如果能记住丈夫父母的生日，早早地汇钱或者买礼物，并送上祝福；丈夫的家人有事，女性表现出应有的关心；尊重对丈夫的朋友。

充满自信

女性应树立自信，对于丈夫正常的异性交往，不要神经过敏。不因有点风吹草动就认为丈夫有了外遇，自怨自艾，担心被抛弃。自信的女性永远不做跟在丈夫屁股后面嗅来嗅去的警犬。就算丈夫真有了问题，女性也应该保持信心，相信自己有能力积极处理问题。

宽容他的平凡

不对自己的另一半持有过高的期望，抱怨他不够出色，不能赚钱。对另一半的平凡和平淡予以最大限度的宽容，不会动辄唠叨，而是常用积极地语言真诚地鼓励。女性质疑另一半的能力，指责他的平凡对男性可能是最大的打击。

坚强独立

虽然很多男性表示喜欢小鸟依人的女性，让他们有保护的欲望。但从长久相处的角度来说，大部分的男性都希望自己的另一半具有独立意识。对女性来说，精神独立更为重要。女性精神独立是对自己的确认。不要动辄一把鼻涕一把泪，也不要整天黏着丈夫，除了丈夫外连个聊天的朋友都没有。男人喜欢有自己的空间，也希望女性有自己的空间，有能力独立安排自己的时间。

拒绝冷暴力

何为家庭冷暴力

所谓“家庭冷暴力”，是指夫妻双方产生矛盾时，态度冷漠、漠不关心对方，将语言交流降到最低限度，停止或敷衍性生活，懒于做一切家务工作等非正式暴力行为。家庭冷暴力实际上是一种精神虐待。夫妻双方都是冷暴力后的受害者，两败俱伤。往往还会不经意地让家庭冷暴力蔓延至家中的小孩，对下一代的伤害更是隐性的、潜移默化的，伤害之大是无法预计的。

案例

可怕的冷暴力

8年前，汪先生和妻子组建了一个幸福家庭。汪先生是位律师，高大英俊，法学博士学历。妻子虽然相貌平平，但也是名校大学生，感情细腻，温柔体贴。妻子对汪先生的生活起居十分关心，平时也爱多唠叨多查问几句。年近四十，妻子的敏感情绪越来越强，有时还会产生老公是否有外遇的想法，这让汪先生很懊恼。起初，汪先生面对妻子的盘问还会一一解释，可渐渐地，汪先生开始嫌她烦，继而开始不断争吵，时间长了，汪先生厌倦了这样的生活，开始动用冷暴力。只要妻子一唠叨或发问，汪先生就离家出走，找一位女性朋友倾诉，没想到最后两人真的产生了感情。妻子发现老公拈花惹草，更是大吵大闹，汪先生出走的时间也越来越长。

即使回到家，汪先生也与妻子形同陌生人，连妻子病了也照样不闻不问。妻子在被“冷暴力”折磨得筋疲力尽后，被气得胃穿孔大吐血，生命垂危，最后被送往医院抢救。

【分析点评】

从上述的这个例子可以看到，尽管家庭冷暴力并不会造成直接的肉体伤害，没有伤痕，不见鲜血，但其实是一种精神虐待，受冷暴力的人一般会表现出焦虑和抑郁的情绪，甚至引发自杀倾向、精神分裂、与社会隔离，失去自尊自信，还有的可能产生以暴制暴的攻击性行为。身体上还会表现出疲累头痛等生理症状。

家庭“冷暴力”的危害

1. 家庭“冷暴力”是对受害者精神、心理的极度摧残

家庭“冷暴力”使受害者在精神上遭受极大的创伤，在人格尊严上受到莫大的侮辱，使许多受害者长期处在痛苦的煎熬中，有的甚至失去生存的勇气，走向绝路。长期受“冷暴力”侵害的家庭，以爱情维系的婚姻关系就会受到损害、扭曲，直接影响着家庭的幸福，是造成家庭破裂的重要原因。有的发生“冷暴力”的家庭虽未破裂，但并不幸福，不过徒有其表而已。有的夫妻碍于各种原因没有离婚，但婚姻就仅仅只停留在名义上而已。

2. 家庭“冷暴力”对孩子造成一定的负面影响

家庭“冷暴力”不仅仅是影响了夫妻双方，也严重地影响了孩子，特别是未成年子女。生活在家庭“冷暴力”环境下的未成年人，大多性格孤僻、行为怪诞，难以与人沟通，严重的会诱发违法犯罪。

有研究表明，在冷暴力中长大的男孩成年后以同样的冷暴力对待女性的可能性比非冷暴力家庭中长大的孩子高 15 倍。有的孩子长期受到“冷暴力”，性格逐渐变得暴躁，内心充满了攻击性，可能会对他人和社会在言行上采取过激行为。

3. 家庭“冷暴力”危害社会安宁与稳定

家庭“冷暴力”的危害不仅仅局限于自身家庭，而且还危及社会的安宁与稳定。有的为需求解脱而选择自杀，有的嫖娼、卖淫、赌博、吸毒，甚至为报复对方而伤害对方。

七种方法应对家庭 “冷暴力”

1. 平静

如果发现你的配偶开始出现冷暴力倾向，大吵大闹并不是有效方法。此时，要保持冷静，这样才能有足够的心情来分析双方之间的矛盾所在。

2. 分析

你需要一支笔和一张纸，把你们生活中有可能激发对方冷暴力的问题一一列出，哪怕是最小的可能也不放过，然后再把跟你无关的因素也列出来，同时再把你的配偶的性格特点也写出来，看看是什么原因刺激他（她）对你实施冷暴力的。

3. 交谈

当你准备好平静的心情和分析好所有的原因后，你就应该主动提出谈话。谈话要在没有第三者的场合下，要开诚布公，把一切有可能的问题都摆在桌面上。你需要的是对方对你同样的坦诚，如果仅仅是家庭内部矛盾或源于你的矛盾，这种谈话气氛有90%以上解决问题的可能。如果是你配偶一方的问题，例如外遇，这也能有助于让你了解事情的真相。

4. 主动

从心理感受来讲，你主动做出的选择要比你被动接受的选择要好很多，尤其是由于对方造成的问题，你主动原谅会表现你的大度，你主动分手会比对方有更好的回旋余地。

5. 沟通

感情的丧失使说服工作变得异常艰难，因此开诚布公的态度显得尤其重要。

6. 暂别

当冲突发生后，与其同处一个屋檐下的相互“冷暴力”，夫妻双方不如选择暂时的冷静。但暂别的时间不宜过长，暂别的目的是彼此冷静，分析问题所在。

7. 写信

应对冷战的又一个选择，就是写信。每个人的生活习惯、思维意识和观念想法各具个性，言语交流有时可能不够很好地表达自己的想法，且容易激发情绪。因此有时通过写信这种较传统而又温和的方式，向对方伸出橄榄枝，使彼此主动伸出友好的手能够避免冷水或火药的伤害。

8. 寻求法律帮助

当家庭冷暴力上升为“家庭暴力”时，需要诉诸法律寻求帮助。法律对身体的侵犯，也就是“暴力”有明确规定，对伤害家庭成员身体的行为需加以惩治。

婚姻抗逆

王子和公主的故事，总在恰当的时候画上句号。然而，婚姻并非童话。当婚姻中对方出轨时，痛苦就被无止境地放大了。

与贫穷、疾病相比，出轨不只是一颗小小石子那么简单，婚姻的车轮能碾过它吗？下面的故事也许会对你有些启示：

案例

他为什么出轨？他又为什么回头？

李女士："那一瞬间，周围的一切都向我逼近，我无法呼吸……等到血液终于流回血管后，'他们什么时候开始的？''那个人什么地方吸引了他？''他为什么又来忏悔？'这些问题便冲了上来。"

事情发生在2年前，李女士说："那天晚上，丈夫回来得很晚，对我说，单位加班。我说，刚才给他同事打过电话了，根本没加班。其实在这之前，我已经感觉到了另一个女人的存在，但我想让他自己说。"李女士回忆着当时的情景。

"愤怒，绝望，伤心"这是李女士当时的情绪，她说她心里最想知道的是：真相。

老公原原本本地告诉了李女士她想知道的一切，并恳求她原谅，强调自己想回归家庭。"那一刻，我压抑的情绪再次挣脱出来，摔碎了一只花瓶。他定定地看着我，我问自己，难道他也有痛？我们说了整整一晚，起初，全是他在忏悔。渐渐地我们都谈到了自己的问题。我发现自己太过于投入工作，很少关心他的感受。最重要的是，我们发现彼此仍然爱着对方。天亮的时候，我们仿佛脱胎换骨一般。”

【分析点评】

坦诚的沟通挽救了李女士的婚姻。“从那以后，我们可以讨论任何问题。以前我从没想过要与自己的丈夫成为无话不说的朋友”。较之大多数女人，李女士是理性的。

交谈，是出轨曝光后的第一步。无论对那个不忠不义的人有多少个问题，你真正想知道的只有两个：他为什么出轨？他又为什么回头？

我们必须承认，出轨的因素有多方面，比如性诱惑/虚荣心/被关怀的需要等。我们了解真相的目的是确定爱情现在在谁的手里？你甚至发现这也许是你们婚后第一次真正的交谈，即使你是受害者，听听对方的坦言相告，也是一种积极的态度。

案例

继续谈下去，细节，你真的需要了解吗？

他也会睡在她的右边吗？她也为他解衬衫的扣子吗？……32 岁的兰女士说：“两年前，知道丈夫出轨后，我用了一个月的时间，才使自己稍稍冷静下来，听他的解释和忏悔。在我们恢复同居的第一个晚上，他习惯地躺在我的左边，我突然特别想知道，他和那个女人在一起也是这样吗？我无法控制自己的想象，整夜无法入睡。两年了，这种感觉常常啃噬着我的神经，我总是避开丈夫伸过来的手臂。”

【分析点评】

调查显示，60% 的人想知道对方出轨的细节；40% 的人怀疑曝光细节是否真的对挽救婚姻有帮助。

而曝光细节只有两种结果：一是我们真正了解了全过程后，不再为那些无边无际的猜测所折磨，可以开始认真思考整件事情。但还有另一种可能，就是我们可能永远不会忘记那些被描述过的场景。

部分心理学家认为，完全揭露事实的真相对于治愈婚姻是一个严肃而重要的环节。如果必要，还应包括对性的描述。因为婚姻中受伤害一方与那些因强奸或其他罪行的受害者一样，有着相似的病理症状，如高度觉醒、严重失眠、强迫症、自闭症、思维间断等。

你一定要知道那些细节吗？你能不能承担那些细节？它们究竟对你有利还是会更严重地挫伤彼此的感情？事实上不是每个人都能够像想象的那样坚强。

对那些所谓“细节”的过于关注，往往使我们忽视真正的细节——什么才是婚姻出现问题的关键？

婚姻重创

对一个人来说，最大的痛苦以及对婚姻最具有摧毁力的，莫过于配偶在性关系上不忠，不忠会直接打击婚姻的核心。

得知配偶的不贞之后，最常有的情绪就是伤心和愤怒，两者都是很深入且强烈的情绪。在盛怒之下，我们可能会伤害犯错的一方。伤心和愤怒都是正常的情绪，这表示你在意你的婚姻关系。有这些情绪表示你视自己是个有价值的人，你被错待了；也表示你重视正义和公平，而这些情绪都需以正面积极的方式处理。

另一种对待不贞配偶最常见的也是极负面的反应，就是报复。报复方式包括去找一份婚外情，好让对方尝尝背叛的滋味。以恶报恶的报复手法只会减轻对方的歉疚感，并激怒对方，因此问题将更加严重而非求得解决。

认识外遇

当配偶出轨时，重建婚姻关系应该是首要努力的目标，婚姻中的挑战就是为自己的想法和行动负责，并且为生命中的每一个困境采取最有建设性的行动，这是对我们的情感和精神健康负责的最佳方法，同时可以为配偶的生命产生积极正面的影响。

分析比较一些具有公信力的学术机构所做的调查发现，男性一生中发生外遇的概率是37%，女性则为20%。

（1）女性外遇多半在寻找心灵相契的伴侣，而男性外遇除“长期情感外遇型”外，则多为寻求性方面的满足。

（2）女性有外遇时若想使它合理化，常会强调是为了爱的缘故，而男性外遇时若想减轻自己的罪恶感，则较会用“我并不爱那个女人”的说法来安抚妻子。

（3）男性较受不了妻子和别人有火热的性关系，女性则受不了丈夫把另外一位女性当作心上人。

（4）男性较容易把外遇与他原来的生活分开来，只当做生活中的一小部分，在有家、有事业之外也同时有外遇。

（5）女性发现丈夫有外遇时通常会想挽救婚姻，但是男性发现妻子和别的男人有外遇时，就会走上离婚的路。

（6）女性在丈夫有外遇时常觉得自己是情感上的失败者，而男性在妻子发生外遇时往往会自认在性方面缺少吸引力。

（7）女性在丈夫有外遇时虽有愤怒，但更多时候会非常沮丧，而男性在妻子有外遇时大多陷入强烈的愤怒中。

（8）女性发现先生有外遇时，会详细查究每一个细节，想找出发生的原因。但男性发现妻子有外遇时，大多无法面对这种痛苦，会尽量避免去想这件事情。他可能会用买另一部车或突然迁居、转业的方式来转移自己的注意力。

婚姻中受伤者的心路历程

第一阶段：失去自我认同。

第二阶段：突然觉得不再被珍爱。

第三阶段：失去自尊心和自我价值感，觉得人生是如此的不值。

第四阶段：突然失去身心掌控的能力。出现情绪、身体等方面问题。

第五阶段：某些人生基本假设开始动摇。

惨遭不幸后人往往不再信赖这世界是善良、仁慈的，觉得处处不安全、随时会被害。

觉得耕耘不见得有收获，行善却可能遭恶报。

不再认为自己是个可爱的、有价值的好人。对被弃者而言，外遇像是晴天霹雳。

第六阶段：常问："为何会遇到这事？"反复询问配偶。

第七阶段：产生强烈的孤寂感。

在外遇状态下的人最需要得到别人的支持，但是很多伤心人此时却因为无人能了解这种刻骨铭心的痛而饱尝孤寂感之煎熬。

婚姻抗逆

1. 控制情绪，不要变成歇斯底里的泼妇

发现丈夫出轨的事实之后，第一时间表达伤心和愤怒情绪，是合理的。你的生气是让他明白事态严重，清楚知道你绝对无法接受这件事情的态度，以及你因此所受到的伤害。

可是，暴怒的情绪持续发作或整天没完没了地哭闹，就丧失了原本的意义。面对丈夫的背叛，委屈的妻子最需要的是丈夫明确的悔意和歉意。可当我们歇斯底里地哭闹不休时，本身也烦躁不堪的丈夫在屡屡道歉赔罪无效的情绪下，难免反击。因此，在保护自己的前提下，适时地收敛情绪，是很重要的学习。

2. 尊重自己，不要失去理智到处告状

在还没有做出处置的决定之前，先不要四处告状，婚姻的问题最好留在家里解决。

面对出轨这场战役，你的优雅教养，是让第三者相形见绌的明镜。也许最终仍然失去了婚姻，但却赢得了尊敬。

3. 别太悲情，不要让自己成为奄奄一息的苦命怨妇

面对婚变，尤其是面对丈夫的背叛，对任何一个女性来说，都是自尊与骄傲的重大摧毁。在这种心理状态下可能产生深度的抑郁情绪。表现

为：哀莫大于心死一般的冷漠；气若游丝般的虚弱憔悴；把自己关在家里对任何事都不再感兴趣；披头散发不修边幅等。上述这些情绪反应和身心表现，起初是用来惩罚做错事的丈夫，企图让他心疼。可是在张力疲劳的效应下，他会对妻子的“悲苦”越来越麻木，甚至产生疲累厌烦的感觉。因此，我们不需要用反复纠结的悲痛情绪惩罚自己。

4. 不要担心，时间会慢慢抚平伤口

女性是极其具有韧性，并且能坚强地遗忘伤痛的勇敢斗士。女性朋友应该相信自己的自愈能力。对自己宽松一点，让时间去抚平伤痛。

第三章　做聪明的母亲

——现代职业女性亲子关系

家庭教育是终身的教育，良好的家庭教育是培养优秀子女的关键。好的家庭关系胜过许多教育。父母与孩子关系越好，对孩子的教育就容易成功。美国一项最新研究结果显示，亲子关系非常重要，尤其是母子关系，它决定孩子成人后能否拥有一段成功的恋爱关系。人在青少年时与母亲关系越亲密，成年后与恋人相处越融洽。研究人员得出结论是：与母亲越贴心的孩子成年后对恋爱关系越满意。

成长的六个核心心理软件

在这个独生子女的时代，如何把自己的孩子培养成优秀人才，成了众多妈妈关心的问题。作为家长，我们要完成的任务是培养孩子的自尊心、自信心、责任心、主动进取精神、学习兴趣和好习惯。这是孩子成长的六大核心心理软件，如果这些没处理好，那么即使为孩子提供再多的“硬件”设备，孩子的发展也是有缺失的。

第一个要镶进孩子生命里的软件是 “自尊心”

当孩子开始尊重自己，把自己当作和别人一样平等的人来尊重的时候，孩子的主体人格就建立起来了。自尊心是孩子精神人格的脊梁也是孩子的生命之火，是孩子成长的原动力。

健康的自尊心使我们不向别人卑躬屈膝，对别人的批评也能坦然受之；能通过客观的分析，吸收于我们有益的，摒弃无用的。使我们对别人的歧视、侮辱表示正常的愤怒和不满，并能理解到每个人有自己的立场和文化背景。

受伤的自尊心会使我们表现出对外界批评非常敏感，严重的会影响到自己的判断、价值取向、思维方式。外界的影响对自尊较低的孩子有很强的导向作用，他们极易受到负面信息的影响。

受伤的自尊心还会造成自卑、自闭、偏执、易怒等性格特点的形成。这样的人可能人云亦云、自暴自弃，处在被动的生存状态，很难有力量改善自己的生存状态。要么易受伤害，易伤害自己、伤害他人，难以听进不同意见，就是我们常说的好钻牛角尖。

带着受伤的自尊心，人们很难拥有自信乐观的阳光心态，通常要经过艰难的修复过程才能获得幸福感。

对于低自尊的孩子，批评效果甚微，而尊重是最好的办法。把孩子当作和自己完全平等的人来对待。当父母尊重孩子的时候，他开始尊重自己，进而他会尊重别人。建立孩子自尊心的第二个重要的方法是无条件地爱孩子。当父母无条件地爱孩子的时候，孩子的自我价值会上升，进而会产生寻求更好的动力。

第二个心理软件是建立孩子的“自信心”

培养孩子的自信心对家长而言，不得不说是一辈子的任务，至少是孩子25岁以前的主要任务。孩子在离开家长之前，家长需要细心呵护孩子的自信心发展。自信心是一种动态的过程，是一个不断树立的过程。

一个人不可能一次性获得自信心，从此一劳永逸。自信心的建立可能发生在生活中的每时每刻。自信心是一种主观体验，往往跟孩子的成功经验相关。

自信心与成功之间是一种相互支持，循环发展的关系。自信心能够调动自我的能力甚至潜能，有利于顺利完成任务。自信心相当于我们大脑的启动程序。例如，一个孩子完成一道数学题。

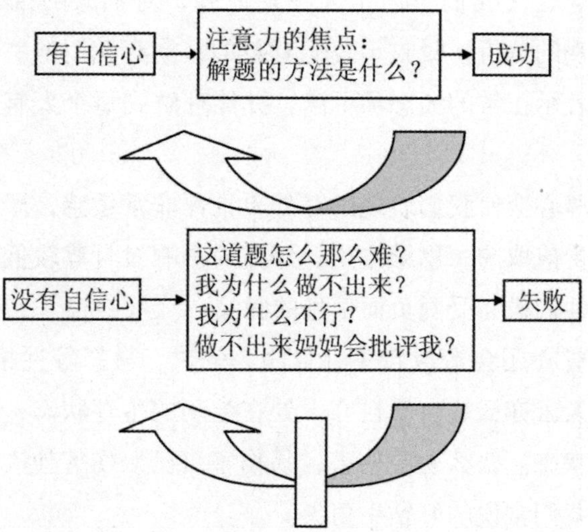

孩子如果没有自信心，当他面对一个习题时，他的大脑启动的程序是停留在题的表面，感受问题带来的压力和焦躁的情绪，看到题马上会想：这题怎么这么难？我为什么做不出来？我为什么不行？做不出来妈妈会批评我？结果20分钟过去，他根本没做题，而在想别的东西和感受痛苦。最后他得出结论：你看我数学不好吧，我还是不行！

有自信心的孩子，自信心可以帮助他启动另一个程序：将注意力的焦点集中在解题的方法上，他关注题目的信息，于是经过一段时间的思考，孩子极有可能把问题做出来。而这种解题成功的体验又会反过来增强孩子的自信心。所以自信心是一个孩子能否顺利解决问题的一种核心心理程序。

诚然，自信不是我们大家理解的挺胸抬头那么简单。需要长期的培养和塑造。

美国的一位心理学家提出了建立自信心的一些入门方法。效果显著，妈妈们不妨和孩子一起试一试。

（1）分析自卑。了解孩子的恐惧不安、自卑个性到底是怎样引起的，明白原因，就是克服自卑的第一步。

（2）正确评价自己的才能。帮助孩子把自己的才能用书面语言表示出来，以便客观地掌握自己的能力。不妨把孩子和自己的专长列在表上，并与同龄者比较后，对于自己的优点就可以一目了然。

（3）勇敢正视自己的恐惧。妈妈应寻找时机与孩子讨论，他最担心和最害怕的事、物或情境是什么？并列举出来，做出等级排序，逐一克服。

（4）帮助孩子增加成功体验。妈妈可以有意识将一些任务交给孩子完成，例如让孩子帮自己完成家庭事务，担任照顾者的角色。

（5）挑前面的位子坐。你是否注意到，在各种讲座、培训班、聚会中，最后排的座位是怎么先被坐满的吗？大部分占据后排座位的人都希望自己不要“太醒目”。惧怕受人注目的原因之一也可能是缺乏自信心。所以妈妈尝试鼓励孩子在公众场合坐到前排，让自己变得“醒目”些，也能起到一定的激励作用。

（6）练习正视别人。一个人的眼神可以透露出许多有关他的讯息。不正视别人通常意味着：“在你旁边我感到很自卑，我感到不如你，我怕你。”正视别人等于告诉他：“我很诚实，而且光明正大。我相信告诉你的话是真的，毫不心虚。”因此，妈妈可以鼓励孩子与人交谈时关注他人眼神，行为不卑不亢，逐渐养成自信的沟通行为模式。

(7) 加快走路的速度。许多心理学家认为，懒散的姿势与缓慢的步伐与消极感受存在着一定关系。因此，妈妈可以鼓励孩子凭借改变姿势与速度来改变心态。你若仔细观察就会发现，身体的动作是心灵活动的结果。那些遭受打击、被排斥的人，走路都拖拖拉拉很散漫，完全没有自信。而另一种表现出自信的人，走起路来比一般人要快。

(8) 练习当众发言。有很多孩子思维敏捷，但表现并不出众，很大原因是因为他们缺乏信心。练习当众发言，是信心的“维他命”，更是增强信心的一剂猛药。虽然迈出第一步很难，但一旦跨越，将是自信建立的里程碑事件。公开发言不是特指正式场合发言，有时无论是上课、讨论、会议、朋友聚会、提建议、提问，都可以积极参与。不要担心自己会显得愚蠢，迈出第一步是最重要的。

(9) 要善于微笑。大部分人都知道笑能给人带来实际的推动力，它是治疗信心不足的良药。发自内心的微笑不但能治疗自己的不良情绪，还能马上化解别人的敌意。

(10) 定期给予孩子积极评价。例如，你最近的表现非常好。成功与肯定是密不可分的。

第三个心理软件是“责任心”

责任心是指对事情能敢于负责、勇于主动负责的态度，是一个孩子意识到自己和其他人的相互关系时产生的主观心理状态。责任心不仅是一种心理品格，也是一种道德素质和能力要素。责任心的高低并不取决于智力，但他却影响到孩子的学习和智力的开发，同时，它也是一个人以后能够立足于社会，获得事业成功、家庭幸福的至关重要的人格品质。责任心分为四类：自我责任心、他人责任心、社会责任心、自然责任心。

第一步是妈妈首先应该关注孩子自我责任心的培养。培养孩子的自主学习意识，学会对自己的学习负责，如按时到校不迟到，独立完成作业；

有错及时改正；积极思考，敢于发表自己不同的见解。同时，教育孩子自己的事情自己做，对自己的生活负责，如做事专心，有始有终；遇到问题，设法独立解决。此外，让孩子懂得珍爱生命，对自己的生命负责，如学习、掌握必要的自我保护方法。

第二步是培养孩子的他人责任心。让孩子做到心中有他人，对他人负责，如尊敬师长，体谅父母辛劳，关心身边朋友；诚实守信用；尊重每个同学的人格，学会宽容、谦让，体谅他人困难，乐于助人等。

第三步是培养孩子的社会责任心。让孩子学会承担家庭责任，对家庭负责，如外出打招呼，不让父母担心；主动做力所能及的家务。同时，让孩子懂得对集体负责，如热爱班集体，关心集体荣誉，遵守集体规范；努力完成集体任务；积极参加集体活动，热心集体事务等。此外，教会孩子讲公德、守规则，对社会负责，如遵守公共秩序，爱护公共设施等。

第四步还需要培养孩子的自然责任心。妈妈应该有意识地培养孩子从小与自然积极互动，热爱大自然和保护环境。包括爱护花草树木，保护动物；自觉分类回收废品，不乱扔废电池；节约用电、用水；自觉保护环境卫生等。

妈妈们在培养孩子的责任心的同时，也要关注自己的教育行为是否恰当，家长主要发挥监督职能，督促推动孩子的发展。强迫、看管的方式容易造成逆反心理，孩子变得被动，家长推一下他动一下。

第四个心理软件是“主动进取精神”

如果孩子能够自己成长和学习，那么教育就会变成一件轻松简单的事情。“主动进取精神”也是成就动机的一个部分。苏联教育家苏霍姆林斯基认为，“学习”是一种脑力劳动，而脑力劳动的特点是，劳动者必须处于“主动状态”才能有最佳的学习效果。

人的成就动机从幼儿时期即开始形成，它与孩子所接触的文化、社会阶层及家庭等因素有关。家庭教育的内容若是强调要孩子尽力达到优异标准，或坚持要求孩子能独立完成某些事情的，就有利于培养孩子较高的成就动机。

成就动机是积极探索创造成果的心理驱动，是启迪孩子主动发展，走向成才的动力源泉。那么，妈妈应该怎样培养孩子的成就动机呢？

一是珍惜孩子的好奇心，激发其成就动机。好奇心是指对不了解的事物具有新奇感和求知欲。如果父母和老师无视孩子的天赋条件和兴趣，以社会“热门”和自己的意向来规范孩子的成就，甚至斥责孩子的探索行为，可能会遏制创造力的发展，压抑成就动机的形成。因此，作为家长或老师，都应该珍惜孩子的天赋条件和好奇心，因势利导，顺其自然加以扶植和培育。

二是保护孩子的自尊心，巩固其成就动机。父母是孩子的“第一面镜子”。孩子的自尊心首先是从父母肯定或否定的评价中形成。父母对孩子的评价应以肯定，表扬为主。即使做错了，批评也要就事论事，切忌做“你真令人失望”这类令人沮丧的整体评价，或当众训斥，以防挫伤孩子的自尊心，导致自卑感。

三是鼓励孩子的独创精神，发展其成就动机。孩子独创精神的萌芽既是多种多样的，又是非常脆弱的。爱因斯坦曾说过：“这些脆弱的幼苗，除了需要鼓励以外，主要需要自由，若是没有自由，也不可避免地会夭折。”

第五个心理软件是 “学习兴趣”

苏联教育家在《学习与兴趣》一书阐述了一个基本概念是：兴趣是学来的，不是天生的。所谓兴趣是孩子在做这种行为的时候，能感受到快乐，形成了一种自动反应。这种自动反应是不需要意志力强迫自己去执行的。

如果在孩子大脑的神经系统中，做一个学科的功课会产生条件反射的快乐，学习兴趣就产生了。孩子第一次接触某件事物时，并没有特定的喜欢或厌恶的倾向。在反复做这个行为的过程中，熟练是孩子掌握这一行为的必要条件，再加上家长的表扬、鼓励，孩子在做的过程中体验到了快乐，时间长了，就形成自动化反应，每次学习的过程中孩子能够找到胜任自如的感觉。此时，所谓兴趣就产生了。妈妈们在培养孩子的学习兴趣时，应注意以下几点：

1. 要助兴，不要扫兴

所谓“助兴”，就是顺应孩子的特长和爱好进行培养。这时孩子的注意力更容易集中，学习感受也较良好。

2. 要启发，不要“填鸭”

强行施加压力，拼命地往孩子脑里塞知识，这样做只会让孩子对学习产生厌恶情绪。启发式，是孩子最易接受的方法。

3. 要从实际出发，不要过难过易

学习的知识太深太难，就会使孩子望而生畏。

4. 要以鼓励为主，不要总是处罚

不少事实表明，鼓励是促使儿童认真学习、强化儿童良好行为的最有效的手段，孩子的言语和行为受到成人的赞扬，便会成为一种动力，成为他们今后自觉的行动。

处罚孩子会带来不少消极情绪，也会使孩子和父母对立，并且大大地挫伤孩子的自尊心、自信心和上进心，阻碍他们的求知欲的发展。

5. 与孩子平等，不摆家长架子

研究证明，放下家长的高度，平视孩子，这时的说服更加有效。

第六个心理软件是 “好习惯”

习惯即不用意志力就能做出自动反应。好习惯是一个人快速成功的快车道。一个人的习惯决定了他日常的行为，而这日常行为决定了他的成就。妈妈们需要做的是：

1. 适时为孩子树立榜样

父母的一举一动，都可能成为孩子模仿的对象。因此，父母应该多树立正面形象。

2. 要注意孩子做事的“第一次”

妈妈们需要特别重视孩子做事的第一次，若“成功”，则及时给予鼓励和肯定；若“失败”，则需要及时纠正，并做出正确指导。

3. 培养习惯的过程中强调连续性

一是时间上不要例外，即今天怎么做，明天也要求怎么做。例如，妈妈想培养孩子阅读的习惯，就应该要求孩子每天都看一会儿，若总是三天打鱼，两天晒网，这个习惯就很难养成。

二是空间上不要例外，即在这个环境怎么做，在另一个环境也需要怎么做。例如，学校要求学生养成守时的习惯，而妈妈并不强调，经常放任孩子迟到，那么这两种行为相互抵消，好习惯还是无法建立。

4. 鼓励孩子从身边的小事做起

例如，妈妈鼓励孩子自己洗袜子，帮忙倒垃圾等。

总结上述观点，家长的任务就是要在孩子的大脑中镶入这些心理“软件”。家长好比程序输入员，孩子就像刚出厂的计算机，硬盘还没有经过格式化，需要一道道输入程序，然后才可以独立的使用。一个个积极健康的程序会帮助孩子挖掘自己的各种潜能，顺利地适应社会的各种要求。

无条件的爱和有条件的爱

作为父母，爱孩子是我们的天性。很多妈妈都说，我非常爱我的孩子，我把自己所有的精力都放到了孩子身上。可是为什么孩子还是不理解，表现得跟我期望的有距离。这时，妈妈们反思一个问题：我们对孩子的爱到底是有条件的还是无条件的。

无条件的爱

父母对孩子无条件的爱，是孩子建立自信的重要条件。当一个人被无条件爱着的时候，他的自信心会大增，会尊重自己，进而尊重别人。在他的心灵中会感受到自我价值的产生，即自我价值开始萌芽。

1. 无条件的爱是整体接纳

不但要接纳孩子的优点，同时也要接纳孩子的缺点。当一个孩子被完全接纳时，他才感到自尊。

2. 爱是一种接纳和欣赏的情感关系

爱是建立在爱者与被爱者之间的充满温情的平等关系之上。当父母平等对待孩子而给予爱时，此时的爱是无条件的爱；当父母以居高临下的姿态，不问孩子的感受和需要而给予爱时，此时的爱是施舍、压迫和私心的满足，与爱的本义是背道而驰的。

3. 爱的有无是由被爱者决定的

家长们常犯的错误就是站在自己的角度去爱孩子，他们以自己的主观判断和意愿为出发点来爱孩子，根本不问孩子的感受。这种专横的所谓的爱，破坏了爱的平等性，对被爱者是一种折磨。

无条件地爱孩子，是培养孩子安全感和勇气的最重要的方法。那么什么是无条件的爱呢？不管表现如何，例如不管成绩好与差，不管有无听父母的话，不管是否愿意学钢琴，不管有无被老师投诉，不管有无为父母争到光等，父母都是同样爱他，即使是孩子患上了难治的慢性疾病，父母照样深爱着自己的孩子，那孩子就觉得自己是一个真的值得爱的人，他就可以放心地做自己。长大后，他就有自己的价值标准，有自己的做人做事的准则，而周围人如何评价他，他都能够承受，不会受他人看法所左右。因为他自己心中有杆秤，知道真实的自己是一个什么样的人。

有条件的爱

如果父母对孩子的爱是有条件的，例如，孩子成绩好，父母就对孩子好得不得了，要什么都买给他；要是成绩不好，就给孩子脸色看；或者，孩子在同事面前给自己争了光，就心花怒放，对孩子充满骄傲；要是孩子的表现不如同事的孩子，就觉得自己的孩子处处不如人，要求自己的孩子赶超同事的孩子等。

这时，孩子就会觉得父母对自己的爱是有条件的，而不是爱他这个人本身。可能出现以下的情况：

（1）他就会特别留意父母对他的态度、父母的脸色，生怕自己哪里没做好，会令父母不高兴。

（2）他长大后，就会特别在意周围人如何看他，如何评价他，也特别在意事业、金钱、人际关系等方面的得失。

（3）他强调外在的评判标准，他的自我价值靠周围人如何评价来决定，靠外物的得失来决定。缺乏自己内在的价值标准，自信不足、不能确定真实的自己到底是一个什么样的人。

（4）他可能因为外在的标准不受自己掌控，而容易出现心理失衡。

用“真爱”去爱孩子

无条件的爱是培养孩子最重要的一种方法，也是一种说起来容易做起来很难的过程。

1. 真爱孩子，而不是满足大人自己的欲望去爱

我们总在口口声声说爱孩子，却加上了许许多多的条件：你不怎样怎样，我就不爱你了！这是我们经常会对孩子说的话。很多家长让孩子好好学习，要给自己争气！那么，如果有条件、求回报，那就不是爱，而是在满足我们自己的某种欲望。

“好好学习哦，成绩好老师更喜欢，妈妈更爱你！”这让孩子得到无数错误的信息：

＊爱，是有条件的；

＊我做事情，是为了得到周围的人的重视、承认；

＊我要使自己成为别人要求的那样的人，才能得到爱；

于是纯洁的孩子对人世间的爱，产生了错觉，他们也会对爱加上无数的条件，甚至丧失最初的意图。于是孩子从小做事情就是为了得到别人的认可，而丧失了做事情本来应该享受的快乐。

2. 无条件地接纳包容、理解孩子

孩子获得了母亲的理解和接纳，就会对母亲建立起信任和尊重，同时也会逐渐建立自尊。这样的孩子对自己有信心，他知道无论自己成功或是失败，母亲都会无条件地理解和支持他。

3. 无条件、有原则的母爱是理智的母爱

小雏鸟在学飞的时候，会经历一次次的跌落，直到最后飞起来，鸟妈妈都只是站在一旁看着，虽然它很想去扶一下自己的孩子，但是它知道这样做的后果就是小雏鸟永远也不会飞起来。

无条件地爱孩子，同时，也要把握好一些原则性的问题，不要因为无条件的爱而让孩子犯错，对犯了错的孩子也不姑息。有原则的母爱虽然不能保证孩子永远不犯错，但是它能够让孩子懂得错误并不可怕，可怕的是

没有改正错误的勇气。

4. 表达对孩子无条件的爱

尊重孩子的独立人格。家长们首先应该把孩子当作和自己一样的人来对待，尊重孩子的想法和感受，不强迫孩子做他不喜欢的事情。

家长爱孩子不需要理由。你爱你的孩子，只因为他是你的儿子或者她是你的女儿，除此以外再没有其他理由了。

用“行为”表达对孩子的爱。通过亲吻、拥抱、抚摸等方法表达对孩子的爱。

善用不同的媒介表达对孩子的爱。例如用写信或“写纸条”、手机短信、电邮、礼物等方式灵活地与孩子进行情感互动。

表扬和批评的误区

在与孩子的互动过程中，很多妈妈发现表扬和批评是两把双刃剑。使用得当，能受到不错的效果，使用不当，甚至可能起到反效果。

批评可能强化错误

当孩子犯了一次性的错误，妈妈使用批评这个工具，能够起到一定效果。但是，若孩子身上的缺点毛病是稳定的，已经形成了习惯，用批评这个工具就不好用了。一再强调，可能越批评孩子的毛病越改不掉。事实上，很多家长就是用“批评”把孩子的缺点毛病给固定下来。在教育孩子的问题上，批评是一个需要甚至使用的方法。

要想熟练地掌握批评的使用方法，就应该遵循以下几点：

1. 适用批评的场合

（1）孩子对其所犯的错误是明知故犯。

（2）该错误行为是初犯，还没有形成稳定的习惯。如果形成了稳定的坏习惯，批评这个工具效果不大。

2. 批评的矛头只能针对“行为”而不是指向“人本身”

为了达到预期效果，批评的矛头只能针对“行为”而不是指向“人本身”。如我们可以批评孩子不应该做出“撒谎的行为”，而不能说孩子因此就是一个“撒谎的人”，我们必须了解这两者有本质的区别。当我们批评孩子的行为时，那意味着只要他不再做此“行为”就可以了，他还可以成为一个诚实的孩子；而当我们说孩子是撒谎的“人”时，那就意味着今后他无论怎样做都没有用了，都无法成为一个诚实的人了。这等于给他判了“死刑”，使他感觉彻底没希望了。这是一种破坏性的批评，遏制的是孩子的精神人格，伤害的是孩子的自尊和自信，贬损的是他的自我价值，使他失去改掉缺点把事情做好的动力。

3. 批评公式：批评 = 陈述事实 + 确认可罚性 + 表达感受（痛苦） + 保住孩子的自我价值 + 表达期望

我们批评孩子的目的是让孩子改掉缺点，以后不再重犯，并且能够做对的事情。为了达到这个目的，妈妈们需要掌握批评的技术，才能收到预期的效果：

（1）陈述事实。就是说要直接告诉孩子他做错了什么事情，把他做错的事情说清楚，这是批评他的前提。

（2）确认可罚性。这是告诉孩子为什么要批评他，确认错误的严重性和对孩子以及别人的伤害性，给出批评的理由。

（3）表达感受。母亲需要表达自己的感受，强调是因为哪些行为？哪件事？导致自己的情绪。这是要让孩子明确意识到，你对他的意见是与错误行为连接在一起，而不是你直接否认他这个人。

（4）保住孩子的自我价值。这是说让孩子认识到，虽然他的行为错了，但是你依然对他有信心，并没有因为他犯了一个错误，就改变了你对他的爱。在你心中，他的“行为”虽然出了错误，但是只要他能纠正这一“行为”，你就会再次认可他。

（5）表达明确的期望。明确告诉孩子，你对他的期望是什么。这时，需要把期望操作化，不能是模糊概括的内容，例如，“我希望你变得更好”。更加明确的表达是：“我期望你这学期内，不再跟同学打架。”

表扬不一定带来自满

表扬是当孩子把事情做对时或取得成绩时，家长应该及时做的动作。

在这个问题上，中国妈妈们的内心里，或多或少都有一些误区。很怕表扬孩子多了，孩子就会骄傲自满，从此不再努力。在这种心理的支配下，我们绝大多数妈妈在应该表扬孩子的时候，选择了沉默。这样做的结果，是孩子失去了把对的事情继续做下去的热情，也失去了把已取得的成绩发扬光大的动力。

其实，骄傲自满的心理状态，是源于无知，并不是表扬。骄傲是孩子的眼光不够远，把眼前的成绩当成顶峰。事实上，只有不正确的表扬方式才可能导致孩子的骄傲自满。

究其原因，还是在孩子的内心缺乏客观的参照体系。我们的妈妈只要采用正确的表扬方式，同时也帮助孩子拓展视野，就能通过表扬将孩子更多的动力激发出来。

为此，妈妈们可以从以下几点着手：

1. 把目光盯在孩子的优点上

很多妈妈受传统的教育理念的影响，往往把目光聚焦于孩子的缺点上，总是想尽各种方法力图让孩子“改掉”缺点。这种理论的前提假设是：只要改掉了缺点，就只剩下优点了。然而，这种理论并不准确，它没有看到在孩子身上，一切都是处在正在生成的阶段。

如果妈妈们只把目光盯在孩子的“缺点”上，就会让孩子意识到自己原来问题那么多，那么差。这样就不可避免地让孩子的自我价值降低，甚至产生自卑感。孩子在强烈的自卑感的控制下，他的表现会极端畏缩，他的潜能处于被埋没的状态。

在心理学上，有一个“确认放大原理”，指在人身上，当我们把目光盯在哪点上，被盯的那点就会放大。妈妈的目光就像阳光，孩子的优点和缺点就像埋在土里的种子。当妈妈总是聚焦于孩子的缺点，就像阳光照在缺点的种子上，使缺点的种子发芽成长；反之，妈妈把目光盯在孩子的优点上，就像阳光照在优点的种子上，那么优点的种子发芽成长。孩子有了自我价值，他成长的生命火焰也将被点燃，会产生出自我完善的欲望，让自己表现得更好。

2. 表扬＝陈述事实＋确认事实的可贵性＋表达感受＋表达期望＋身体接触

表扬是让孩子继续努力的有效手段，一个完整的表扬，有一系列步骤：

（1）陈述事实。即孩子做对了什么事情，妈妈要明确地告诉孩子，他什么地方做对了，什么行为被肯定和欣赏。这样做的结果是，孩子知道自己因为什么被表扬，他下次可以继续做下去。

（2）确认事实的可贵性。即让孩子知道家长为什么要表扬他，让他知道被表扬的真实理由，知道自己行为的价值，从而对自己行为有一个正确的评估，产生自豪感。

（3）表达感受。妈妈应该明确表达自己愉悦、开心、自豪的情绪。妈妈的感受是对孩子的一股巨大推动力。这里的关键是妈妈为孩子高兴（即妈妈说“我真为你高兴”），而不是妈妈为自己高兴（即妈妈说“我真高兴”）。妈妈为孩子高兴，表明良好的行为和成绩是孩子自己的事情，妈妈是旁观者，只是替孩子高兴。而妈妈自己高兴，传达了一个信息：孩子取得好成绩，我就高兴，那么如果孩子不能取得好成绩，我就不高兴。

（4）表达愿望。即妈妈表达完为孩子取得好成绩而高兴的感受之后，还要表达新的期望。实质是暗含着告诉孩子，学习无止境，他还得继续努力，同时也表达了家长对孩子学习潜力的信任。这里的关键是妈妈要表达宏观的期望，“我相信你以后会做得更好”。

（5）身体接触。妈妈如果能适时地拥抱孩子、拍打肩膀、抚摩孩子的头发，会让孩子更加直接的感受到母亲传达的力量，会使表扬的效果倍增。

鼓励的技术

美国有个大教育家说过一句非常极端的话："在教育孩子的问题上，我不知道除了鼓励还有什么别的方法！"

教育孩子，鼓励是需要每天做的事情。妈妈们需要做的事情就是告诉你的孩子："没问题！妈妈相信你。"然后每天不断地巩固。可是有的妈妈恰恰相反："你就是不行，谁家孩子都比你强。"每位家长都应牢记：孩子的勇气和自信是被鼓励出来的，而鼓励是需要每天做的事情！

1. 信任 = 与孩子平等交流 + 给孩子空间

首先，充分信任孩子，不要过多干涉孩子的自由时间支配。例如，有一个孩子，喜欢在放学回家后，先睡一会儿，然后再开始写作用。妈妈对于这种习惯，非常看不惯，总是要求孩子回家直接做作业。结果是母子双方经常因为这个问题发生争执，闹得不愉快。其实，针对已经进入青春期，并且有一定独立自主能力的孩子，妈妈直接制止孩子的一些行为效果不佳，不如站在孩子的立场上，给予最大限度的理解，也许先睡一会儿是孩子休息和释放压力的有效方法。不再唠叨，不再强行要求，让孩子自由处理自己的时间。

其次，把孩子当作朋友，以平等的语气问孩子"我能为你做点什么？"而不是："你应该怎么做。"妈妈们不妨遵循"父母 = 朋友 + 老师"这样的思维方式，如果孩子能把你当成知己和一面镜子，你们的关系就会融洽一些，相互间的交流也更有效。

2. 积极暗示

积极的暗示，特别是当这种暗示来自父母、朋友或老师，几乎肯定会对孩子的心智发展产生良好作用。一项调查表明：几乎90%在品质、意识和智力方面有杰出表现的人，在自己的童年或少年时期都受到过来自亲人的积极的暗示，最多来自母亲，有的来自父亲、老师、祖父母等。

（1）母亲的暗示给孩子以力量。有一位母亲，几乎孩子出生以来，她就不断发现许多孩子身上特别的东西，并总是以自豪的、不加掩饰的赞赏的口气说出来。比如“这孩子太不一般了，他看一样东西总是目不转睛”“看看，我们的孩子，他的精力多充沛，总是手脚不停”“看看这孩子真不简单，吃这么苦的药，一声不吭”“你看，他的力气真大，这么重的东西他都能拿得起”。

如此种种。几乎所有孩子都有的表现，这位母亲也会本能地把它描述成自己孩子不凡的禀赋。有时，这位母亲甚至把这种表现与神秘的世界观连起来。“孩子，你那么努力，这次考试一定没问题，你看连我去给你算卦都是上上签”。

这个母亲发出的这些暗示完全出于本能和爱，所以这种称赞本身就毫无夸张和虚饰，结果，这种暗示被孩子所接受，让孩子不断地肯定自己的能力，也确实表现得很出色。这就是积极暗示的力量。

（2）消极的暗示让孩子失去信心。现实生活中还有另一种暗示，就是来自母亲或父亲消极的暗示。一天，一位母亲正和朋友聊天谈到自己儿子，“阿姨，我的头太大眼睛太小，不好看！”孩子忽然在旁边说，这位母亲大吃一惊，原来这句话是这位母亲与朋友聊起孩子时常挂在嘴边的一句话。当时她觉得孩子还小，不会在意大人说的内容。没想到自己不经意的一句话竟被孩子牢牢记住，甚至影响到孩子对自己容貌的认可。

其实，我们只要稍加注意，就会经常听到很多妈妈在聊起自己的孩子时常常会语气低沉地说：“我的孩子数学不行，总是学不会”“我的孩子怎能和你的孩子比呢？他可没你孩子聪明”“唉，笨就笨吧，这就是他的命，他的命不好，有什么办法”“我家那孩子不是学习的料，学不会”“他要是像你家孩子四分之一就好了”等。仔细想想，世界上没有比这更伤孩子的心了，特别是这种话是从他的母亲口中说出。结果可想而知，这些孩子过早地失去了对自己的信心，甚至有的会产生一种叛逆和仇视。

3. 如何在孩子的教育中进行积极暗示

（1）暗示的作用对孩子越早越好。暗示的作用对孩子来说，越是早期越有较深远的作用。暗示者与孩子的关系越亲密，作用越明显。

（2）不同暗示其作用亦不同。一般的暗示，和包含了丰富真挚爱的情感的暗示，其作用是不一样的。比如，一个经常受到夸奖的孩子，他也可能因为这种夸奖太频繁而产生反感。特别是这些夸奖有些不实之处时，有的孩子就会产生过大的压力，使他不希望得到这种夸奖。相反，包含着爱的积极的暗示，总是显得真实可信，也没有明显的功利目的。这种暗示作用，就像血液一样，深入而持久。

（3）积极暗示要真实且具体。妈妈们需要细心地捕捉孩子生活中的点点滴滴，可以及时发现孩子在某方面的潜能，“这孩子很善于理财呢”；有时是对他性格中优秀成分的敏锐捕捉，“这孩子这么小，就愿意与小朋友分享自己的玩具”；有时是对他智力的真诚赞美，“我们家宝宝现在就会数数了，能从一数到一百呢”。

（4）积极暗示不能夸张和人为的对缺点进行掩饰。来自妈妈的暗示，常常会有夸大和期望的成分。但是对孩子明显的缺点也大加赞赏会养成孩子在品质上的一些坏习惯。比如，有个孩子偷偷拿钱买零食吃，母亲知道后不但不批评而且还夸奖自己的孩子：“你看，我们家宝宝会花钱了，知道钱重要了。”不顾事实，一味夸大甚至扭曲，这样的暗示与消极的暗示所带来的坏处是一样的。

（5）积极暗示能引起孩子身心的愉悦。不要轻易地给孩子下定义。当孩子确实在某些方面做得不够好，妈妈应避免用以下语句：“你怎么这么笨呢!”“你怎么这么不争气呀”等。因为这样很容易给孩子造成一种差和无能的暗示，导致孩子出现挫折感。

妈妈不妨用以下语句：“我相信你下次会做得更好”“你一直都很努力，我相信只要你坚持，下次一定会进步”“你看家里的花开了，可能是预示你下次一定会表现出色呢”。这样同样一件事，不同的暗示会对孩子有不同的影响，而后者能引起孩子的身心愉悦。

4. 让孩子学会快乐的自我暗示

（1）不要让孩子有错误的自我暗示。如果一个孩子怀疑自己的记忆力，她就真的记不住。同样，如果一个人成天担心自己在变老，她也一定会变老。事情真的就是如此神奇！让孩子每天重复说“我真笨，我真恨我自己”“我总是出错”，结果这个孩子可能无法做对任何一件事。这就是自我暗示作用。

（2）每天进行自我暗示让孩子变得健康。当孩子情绪低落时，妈妈可以鼓励孩子自己尝试一种方法，就是每天早晨起床时，对着镜子大声说一些积极的、鼓励自我的话。例如，“我的身体和头脑真是太好了！”“昨天睡得很好！”“我一定会变得越来越优秀”“你一定行”“我会越来越漂亮”等。如果开始不太愿意大声说的孩子，可以鼓励他先从对着镜子在心中默念开始。

爱的城堡由理解和陪伴来构筑

人与动物差异有三。一是想象力，二为自由，三是对父母的依赖期。人类的孩子，依赖父母的时间最长，远超过其他动物。孩子需要在父母的陪伴下才能成长为完整意义的人，他需要他人的确认、理解、鼓励，最后才得以形成健全的人格。因此，在孩子的发展过程中，亲子陪伴将发挥最持久、最深远的作用。尤其在孩子的童年时期，父母的陪伴就是童年幸福的“守望者”。

亲子陪伴的误区

每当节假日来临时，商城和游乐城里都挤满了带孩子前来游玩与购物的家长们。不少父母借机弥补平日里对孩子的“时间亏欠”。亲子陪伴也可以“补课”吗？父母应该如何陪伴孩子呢？很多妈妈对亲子陪伴的认识可能存在三大误区：

1. 误区一：忙碌型家长

许多妈妈声称由于工作太忙，没空陪伴孩子。每当孩子说：“陪我玩一会儿好吗？”妈妈总是回答：“我哪有工夫陪你玩。”这些妈妈只能借特定的日子，通过买礼物、去儿童乐园等形式来集中弥补孩子。此外，由于工作压力大或者生活观念不同，越来越多的“80后”父母将养育孩子的责任交由祖辈或保姆来承担。抚养、陪伴孩子的责任被父母移交给第三方，孩子与父母相处的时间更是屈指可数。

2. 误区二：焦虑型家长

一位妈妈说："我不懂育儿知识，孩子输在起跑线上怎么办呢?"为了不错过童年的"关键期"，许多妈妈选择把孩子送到一些早教机构，认为这些课程更有效果和针对性。然而，却恰恰损失了母子之间最重要的相处时间。

3. 误区三：粗心型家长

在电子游乐场里，一个妈妈给孩子买好游戏币后，就坐在等待区自己玩起了手机游戏。这位妈妈不知道孩子在玩什么？获得了哪些发展？是否情绪愉悦？……的确，她陪孩子来了，也花了钱。但是这种陪伴的意义是有限的。只是"陪"在孩子身边，但并没有用心去关注孩子、参与孩子的活动，这也不是真正的亲子"陪伴"。

4. 亲子陪伴误区的危害与分析

（1）父母的悉心陪伴对孩子的成长至关重要。"没工夫陪你玩"只是忙碌的成人忽视儿童的借口而已。父母不能变成孩子"最熟悉"的"陌生人"。现代社会父母的确面临着巨大压力，但研究已发现隔代抚养和保姆照看存在诸多弊端，老人和保姆通常对孩子过度保护、过分限制、过于溺爱，造成儿童独立性、自信心、社会能力等发展滞后。

（2）亲子陪伴的价值超过任何教育培训。过早的智力开发结果只能适得其反。如卢梭所说："大家不愿意把孩子教育成孩子，而是把他教育成一个博士。"结果，孩子只是变成了一个老气横秋的"小大人"。我们来看看这样一个场景，"黄昏时刻，一对夫妇带着他们的孩子在小河边玩，兴致勃勃地替孩子捕捞河里的蝌蚪"。这是一个很温馨生动的画面。有的家长会说："捞蝌蚪会耽误学习吧，这类无用的事情只能偶尔做做。"其实，父母不应该强制孩子只做大人认为"有用"的事。在童年早期，父母的悉心陪伴才是儿童最宝贵的财富。

（3）"陪"你不等于"陪伴"你。对待孩子，仅有物质关怀是不够的。真诚的陪伴、悉心的关怀更加重要。很多成年人都患有"童年健忘症"，当我们长大成人后，仿佛忘了我们也曾经是孩子，曾经在那个时期最需要的是什么。可惜，只有很少的一些大人记得这一点。"陪伴"的内涵不仅仅“陪”那么单一，亲子陪伴的关键词包括互动、尊重、对话和理解。鉴于孩子的不同特点，父母要和孩子建立一套独特、有效的亲子陪伴方式。

用“心”沟通，用“心”陪伴

1. 亲子陪伴建议一：珍惜童年，一起成长

所有的孩子都有一个共同的王国：童年。童年是唯一的，工作再忙也不能成为忽略孩子的理由。家长要妥善处理工作和家庭的关系。例如，父母可以每天抽一两个小时陪伴孩子，养成“亲子陪伴时间”的习惯。父母也要妥善处理隔代教养问题。如果确实需要请他人代理看护孩子，则要首选和孩子同住，并参与述育儿过程的人，以增进亲子情感。好父母 = 爱 + 理解 + 正确的（适合的）教育方式。没有人生来就会做父母，但我们可以陪伴孩子一起成长，共享童年的美好。

2. 亲子陪伴建议二：找一份童趣，共同游戏

游戏是亲子陪伴的最佳途径之一。在游戏中，孩子把好奇心、探究欲和想象力结合在一起。陪伴孩子游戏是父母了解孩子心理、引导孩子发展的好机会。针对不同年龄段孩子的特点，游戏的方式也可对应调整。

3. 亲子陪伴建议三：留一些童真，说我们的悄悄话

亲子陪伴的过程中，父母要带着一份童真看世界，做孩子的朋友，尊重孩子的问题。孩子总是会没完没了地提问题。例如，一个孩子问：“妈妈，燕子为什么飞这么低？”妈妈说：“要下雨了。”孩子：“为什么会下雨呢？”妈妈：“为了鲜花和草木的生长。”孩子：“那雨为什么下到马路上呢？”妈：“呵，你瞧……我想要下冰雹了。”孩子：“什么是冰雹？煮硬的雨吗？”妈妈：“你能不能安静一下？有个小孩总是问，后来变了个大问号！”孩子：“问号？那它怎么抓住身子底下那个小点的呢？”在幼儿看来，没有什么问题是古怪或不正常的，家长要尽力保护儿童天然的好奇心和求知欲。

其次，父母要用儿童化的语言和孩子交流。一个 4 岁大的女儿吃饭非

常慢。一天她的妈妈忍不住了，限她5分钟之内吃完。妈妈发现孩子还是依然如故，边吃边玩，没有什么特别的反应。她突然意识到，4岁的孩子并不知道5分钟是多久。于是，妈妈改变策略：你看看咱们家的时钟上那根长长的表针，现在你开始和它比赛，当它从1走到2时，就是5分钟！看看你吃得快，还是钟跑得快?”孩子高兴地说：“我吃得快!”总之，带一份童真，说孩子可以理解的话，这才是有效的亲子交流。

4. 亲子陪伴建议四：带一颗童心，我们共同阅读

儿童热爱读书，年龄越小的孩子越是对故事、诗歌充满了热爱。亲子陪伴中的阅读活动开始得越早越好。与其让电视充当机械的电子保姆，不如在真实的情境中和孩子分享甜美的童话。适合亲子阅读的作品包括儿歌、童谣、儿童诗；童话与神话；儿童传记与儿童小说；儿童寓言、笑话等。

现在很多图书馆已经开设了亲子阅读馆，妈妈们可以有效利用，与孩子一起阅读。大人在这里重拾久违的童心，孩子也可以享受童话中如诗如画的世界。对于0～3岁的婴幼儿，家长可以选择鲜艳、明快、以图画为主的优质绘本。而3～6岁的幼儿已经产生了前阅读的兴趣，开始喜欢图文并茂的书籍。家长可以手指着文字，和孩子一起阅读。

亲子关系的“高压线”

如果母亲与孩子之间的关系正常良好，即母亲与孩子在人格上是平等的，是互相尊重、互相理解、互相支持、互相信任的，母亲无条件地爱孩子，孩子懂得感恩，那么妈妈们其实不用怎么刻意地去教育孩子，孩子也会自主学习。

反之，如果母亲常以居高临下的姿态批评指责孩子，那么妈妈与孩子之间极可能是相互不信任的，即使母亲如何努力地教育孩子，往往都不会有任何效果，甚至还起到反作用。

这就是提示我们一个问题，在亲子关系中，妈妈们有许多内容是需要学习的。此外，还有很多方面是亲子关系的禁忌，是亲子关系的“高压线”。

一条高压线是“忽视孩子的存在”

如果问母亲：“教育孩子，最需要避免什么?”很多人会回答：“不要打骂，要说服教育。”诚然，随着媒体的宣传，“严师出高徒，严父出才子”的观念已经被家长抛弃。但你知道吗，忽视和打骂一样，对家长和孩子都是一种伤害。

1. 忽视型的教养方式：拒绝 + 容许

儿童期：在依赖、认知、游戏、情绪和社会技巧方面存在缺陷；甚至出现攻击性行为。

青少年期：自我控制差；学校表现不良

这类父母对孩子既缺乏爱的情感和积极反应，又缺少行为方面的要求和控制，因此亲子间的互动很少。他们对儿童缺乏最基本的关注，对儿童的行为缺乏反馈，且容易流露厌烦、不愿搭理的态度。如果儿童提出诸如物质等方面易于满足的要求，父母可能会对此做出应答；然而对于那些耗费时间和精力的长期目标，如培养儿童良好的学习习惯、恰当的社会性行为等，这些父母很少愿意花时间完成。

这种教养方式下的孩子极有可能发展为具较强的攻击性，很少替别人考虑，对人缺乏热情与关心，这类孩子在青少年时期更有可能出现不良行为问题。

研究表明，父母采取忽视的养育方式，对孩子的消极影响很大，“忽视孩子的存在”甚至是比打骂孩子还严重的恶习，造成的后果更加严重。

“平时我们既要上班又要做家务，很难找到大块儿时间来陪孩子”。35岁的李女士可能说出了很多年轻父母的心声。每天，李女士把孩子从幼儿园接回家，就要忙着做其他事情，忙得不可开交。她会打开电视，让孩子自己看动画片。但孩子却渴望和爸爸妈妈一起讲故事、玩玩具，一起做游戏。

被忽视的一方没有年龄的限制。张先生今年27岁了，已经到了结婚的年龄。按理说，结婚是件喜事，可他却一点儿也高兴不起来。“发喜帖、定婚礼地点、买喜糖……所有事情，我妈从不过问。她就用无所谓的态度留给我一句话——‘你看着办，我不管。’也许他们在用这种方式反对我结婚吧”。

2. 人人都怕被忽视

父母对孩子的忽视，是指并非通过打骂等行为，而是表现出一种冷淡、放任、疏远和漠不关心的态度，使孩子受到伤害。比如对孩子的需求敷衍了事，减少与孩子的沟通，谈话时转移话题，无缘无故地离开等。

忽视也许是无意的，妈妈确实很忙，无暇顾及孩子的需要；忽视也可能是有意而为之，妈妈对孩子的某些要求、举动、选择表示不满，故意采取冷漠的态度，用情感作为“武器”与孩子较劲。

忽视的杀伤性在哪里呢？忽视的杀伤力在于，父母用一种冷漠、不配合的方式，不表态的态度，留给孩子一个被排斥的印象。不仅是孩子害怕被抛弃，即使成年人的心态比较成熟，也会惧怕被忽视。

3. 忽视的结果是两败俱伤

忽视对孩子的影响不言而喻，但家长也需警惕忽视的反作用：今天你可以忽视孩子，但明天说不定孩子会以同样的方式对待你。“原来你从没管过我，现在凭什么让我照顾你？”类似的话语在影视作品中常常出现。我们往往指责孩子们的不孝，但我们是否也应该想到，是父母亲手种下的一颗叫“忽视”的种子，若干年后它结出的果实也叫“忽视”。

所以，为人父母，能否反思一下自己是不是有类似的情况？能不能重新建立和谐的亲子关系？

4. 发挥语言的力量

首先，语言要有温度。所谓温度，就是语速适中，态度温和，让孩子感受到与家长沟通充满兴趣。

其次，要尽可能使用开放式的语言，比如，“来，说说你的情况，你们学校最近又发生什么趣事了”“我很想知道更多的细节呢”“谈谈你的想法吧”“你一定有很多委屈，说来听听啊”。

还有一条很重要，就是要善于表达自己的感受。忽视型父母的问题之一是自己也不善于表达，因此才导致亲子沟通的缺乏。所以，这类父母尤其要注意表达自己对孩子的各种感受。孩子其实很关心妈妈与自己在感情上的联络，如果看不到妈妈的情绪，他们会感觉很“冰冷”，很沮丧。

5. 主动表示关心

主动地关注自己的孩子，可以从小事做起。例如关注孩子有什么变化，比如该理发了、衣服脏了等。

6. 身体接触最有效

对于忽视型的父母，这一点尤其需要突破。身体接触是增进感情的最有效的方法之一。应该反思一下：你有多长时间没有拍拍孩子的头了？有多长时间没有搭着孩子的肩膀逛商店了？儿子试穿新衣服，你会不会去帮忙塞一下裤脚、翻翻领子？帮女儿理理头发？

第四章　家庭里的平衡
——现代职业女性家庭关系

女性在社会中的角色的特殊性决定了女性的需求除了在工作中实现外，还要承担家庭的责任。如结婚、生育、承担对子女的培养和教育、对父母的照顾等。因此，女性的发展更具复杂性、矛盾性。在社会里无论我们扮演的是什么样的角色，在家庭中，我们仍是普通的一员，作为女性，应该也必须有担负起孝敬老人、爱护妻儿、教育好子女的责任。工作和家庭就像女性生命天平两端的砝码，有一头偏沉，天平就会失衡，工作和家庭都会受到影响。事实上，没有必要把工作与家庭截然分开，相反，可以把二者有机结合起来。只要找到两者之间的平衡点，就能做到事业有成，家庭幸福。

婆婆和妈妈大不同

女人一生中会叫两个人“妈妈”，一个是生养自己的亲妈妈，另一个是自己丈夫的妈妈——她的婆婆。虽然两个女人都被称作“妈妈”，但是两个角色在本质上存在着很多差异，妈妈和婆婆的角色是无法替换的。网上有很多关于婆媳关系的帖子，列举了种种事例来说明妈妈和婆婆的区别，其中不乏对“婆婆”这个“妈妈”的诸多抱怨。虽然不无道理，但是做媳妇的不妨站在婆婆的立场上去想，本来并没有血缘关系的两个女人，因为一个男人不得不相处在一起，儿媳妇尚且能挑选婆家，婆婆即使不喜欢对方也只能接受。彼此对对方的期望值低一点，失望就少一点。母女之间是爱，婆媳之间是互相尊重。

只要人与人相处的空间过近，必定就有矛盾。不同的价值观、对人对事的看法、行为习惯都导致了矛盾的产生。夫妻之间经过恋爱和共同生活，有感情基础，价值观趋向协调，彼此容易宽容与理解。但是即使这样，夫妻间也会有磕碰，就更不用说不具备感情基础的婆婆与媳妇。

案例

妈妈和婆婆的差异

一位婆婆对邻居说：我那个媳妇，好吃懒做，睡到中午，家务也没做，东西还让我儿子拿到房间给她吃，真是太过分了。

后来邻居反问她：你女儿嫁的还不错吧？

那位婆婆说：对啊，过得很幸福呢，大家都对她很好，也不用做家务，假日到处去玩，也可以睡到中午，女婿还会煮东西送到房间给我女儿吃呢！

【分析点评】

一段对话道出了“婆婆”和“妈妈”的差异，也告诉我们两者也可能完全没有差异，同时由一个女性来扮演。而真正的差异其实来源于女性在社会和家庭中扮演的角色。与其说是两个妈妈的差异，不如说是“婆婆”和“妈妈”两个角色的差异。

悦纳两个“妈妈”的差异

1. 最大的差别：血缘关系

女性朋友跟自己的妈妈有着血浓于水的亲情，而跟婆婆这位“妈妈”却没有这层血缘关系。如果不是因为丈夫的关系，甚至是两个完全没有交集的人。因此，这个最本质的差别也决定了婆婆和妈妈的差异注定存在。

2. 情感天平倾斜不同

婆婆和妈妈分别来自两个完全不同的家庭，在情感的天平上，出现倾斜是无可厚非的事实。同样的问题，妈妈的情感天平倾向女儿，而婆婆的情感天平肯定倾向儿子。两位母亲与各自孩子的依恋关系是最强烈的，对待孩子的另一半，爱屋及乌已经是难有的境界，若强求一定要一碗水端平实则也很难做到。

3. 相处模式的差异

首先，女性朋友跟两位“妈妈”谈论的话题不同。跟妈妈可以分享很多深入的话题。偶尔碰到不开心的事情，甚至可以跟老妈发一顿脾气。不赞同妈妈的观点时，可以直言反驳。而对婆婆。女性朋友的谈话方式一定比较慎重，分享的话题也有限。有不同意见时，是否表达和如何表达都会思量一番。

其次，家务分担。跟妈妈相处，偶尔不想做家务的时候，你可以不做。但是跟婆婆相处，家务的分配极可能成为矛盾的导火索。

再者，经济问题。在中国家庭中，女儿和妈妈在花钱时大多不会斤斤计较，是一个利益共同体。尤其在独生子女家庭中，很多女儿会默认妈妈的东西也是我的东西。然而，婆媳之间，却存在着一种比较微妙地建立在亲情基础上的利益关系。婆婆和媳妇在经济上的冲突，可能集中表现在对家庭控制权的争夺上。媳妇积极寻求控制上的独立，而婆婆可能会参与到小家庭的重要决策中。

最后，表达关心方式的不同。女儿和妈妈之间表达关心的方式相对比较随意，在时间上也不固定。而婆媳之间，比较注重彼此表达关心的形式，比较重视时间的选择。

“孕产期” 碰上 “更年期”

有这么一种说法，怀孕生子的这个阶段是婆媳不和的高发期。为什么会出现这样的现象，可能是因为两个女性都处于生命历程中的一段关键而敏感的时期。孕产期的妇女受到生理、心理和养育压力等诸多因素的困扰，情绪处于不稳定的状态。孕期的妇女往往担心胎儿是否健康、能否顺产、是男是女等问题。产后的女性不再是家人关注的中心，需要大量的精力照顾孩子，现代女性还需要应对工作的问题。再加之内分泌水平的急速变化，常常陷入压抑、乏力、烦躁、悲观等异常情绪，不能很好地兼顾媳妇这个角色。而如果这个时期正好赶上婆婆处于更年期，内分泌系统的变化使得婆婆也处于敏感易怒、唠叨、对琐事斤斤计较的状态，那么可以想象“孕产期”的媳妇加上“更年期综合征”的婆婆在长时间的相处下可能爆发出的各式各样的问题。

矛盾的源头

女性朋友们都很关注婆媳相处的问题。那么，矛盾的产生到底发源于哪些因素。我们来做一个深入的分析：

1. 婆婆和媳妇因“中介”而相联系

这里的中介指一个男性。从婆婆的角度而言，这个男性是她的儿子；

从媳妇的角度而言，这个男性是她的丈夫。婆婆对这个男性的感情是母子之情，媳妇对这个男性的感情则是爱慕之情。这两种感情都是非常强烈、非常持久的。同时，又具有非同一般的针对性、排他性，甚至还有独占性。这两种感情都要求完全地拥有这个男人，表现在实际生活中，就是对这个男人的竭力占有，所以，婆媳关系的问题也常常被归结为两个女人争夺一个男人的斗争。在现实生活中，常常出现这样的情形，如果丈夫与妻子的关系特别亲密时，婆婆不但不高兴反而会表现出失落感；另外，如果丈夫特别孝敬婆婆，与婆婆关系很亲热时，妻子也会觉得受到了冷落，甚至为此而醋意大发。虽然说母子之爱与夫妻之爱这两种情感在本质上完全不同，但毕竟这两种感情指向的是同一个具体的对象，如果婆婆与妻子所关心的并不是这两种情感的差别，而仅仅都只关注这个对象的归属问题，那么，纷争和矛盾就在所难免了。

2. 双方对家庭权利的争夺

按照传统的观点，男主外女主内，家庭对女人具有一种异乎寻常的重要意义，家庭是一个独立王国，女性更倾向于成为家庭王国的国王。从婆婆的角度来讲，儿子是王国中的重要成员。从媳妇的角度来讲，丈夫更在自己的王国中不可或缺。而婆婆的家庭王国与媳妇的家庭王国并不是同一个家庭王国，因此兼顾儿子和丈夫双重角色的这名男性就往往成为家庭权力争夺的主要对象，这也导致了婆媳之间的紧张气氛。

3. 婆媳之间的相互关系

首先，从家庭结构上看，婆媳之间形成了一种母女关系，但婆婆与媳妇仅仅是通过一个男人而联系起来的，她们之间并没有直接的血缘关系，也没有直接的姻亲关系。媳妇一般被认为是“外来人”，因此，婆媳之间常常只有形式上或名义上的“准母女关系”。其次，婆婆与媳妇是两代人，不可避免地会在生活习惯、思想观念等多方面形成代沟，这也会使婆媳之间在沟通上可能出现误解，产生摩擦。最后，婆媳关系是两个女人之间的关系，女性之间的和平相处本就需要用心经营，这里有一个很明显的比较，就是媳妇虽然很难与婆婆相处，但大多数却能很轻松地与公公相处，这种差别更多的归诸于男女之间的不同。

4. 中介失衡

在婆媳关系中，具有儿子和丈夫双重角色的男性往往起着十分重要的中介作用。这种中介作用如果发挥得好，则可以加强婆媳之间的情感。反之，则容易成为矛盾的焦点，出现“两面受敌”的困境。尽管母子情深，也难以避免结婚以后这种关系变得复杂的事实。因为夫妻之间毕竟在活动、打算、开支以及交往等方面有着更多的共同点。在这些问题上，夫妻观点的一致性往往要超过母子观点的一致性。这就可能导致男性的这种中介作用出现失衡。如果母亲不理解，就会产生“娶了媳妇忘了娘”的心态，误认为儿子对自己的感情被儿媳夺去了，而迁怒于媳妇。

5. 角色冲突

社会是一个大舞台，每个人都在此舞台上扮演着一定的角色，人们在社会互动中表现自己，修饰自我的形象。角色就是在互动中形成的。婆婆和媳妇的角色是由媳妇和儿子的婚姻所获得的。在婆媳关系的角色扮演中，双方都怀着对其的角色期待；婆媳发生冲突的起因很多，但其实都不是原则性的大问题，如果放在其他的人际关系中，可能根本不会导致冲突。冲突的源头主要是因为婆媳双方对对方都存有不恰当的期望。媳妇以对自己“妈妈”的角色期望来看待婆婆，而婆婆总会按照“自己孩子”的标准来要求媳妇。因为他们都事先找到一个不恰当的参照物、一个不现实的标准，因而出现了失望。

婆媳相处之道

1. 婆媳以相互尊重为基础

婆媳双方要妥善处理彼此之间的关系，首先得对这种人际关系有明确的认识。婆媳双方都要承认对方有独立的人格和经济地位，双方之间的关系是一种平等的人际关系，而不是一种一方必须依从于另一方的支配与被支配的关系。认识到这一点很重要，如果双方或一方对这种关系缺乏正确的认识，认为对方必须或应该听从、服从自己，从而把这种平等的人际关系视为支配与服从的关系，则必然会在行动上、态度上表现出来。由此导致双方关系的失调。婆媳之间的相互尊重要求双方合理表达观点，共同协商处理家庭事务。如经济开支、涉及全家的事务等要共同商量，养成民主家风；而属于个人的“私事”，则应互不干涉，个人享有“自主权”。要发展良好的婆媳关系，双方都需要学会谅解对方、体贴对方。

2. 避免争吵

婆媳之间出现了分歧、产生矛盾时，双方一定要保持冷静的头脑。情绪爆发时的争吵不仅不利于解决问题，而且可能带来二次伤害。心理学家研究证明，消极而强烈的情绪容易使人失去理性，导致冲突升级；而且争吵还具有“惯性”，即一旦因一点小事“开战”，日后往往容易形成有事便吵的格局。久而久之，成见会越来越大。

3. 具体形式的关心与情感上的交流相结合

婆婆和媳妇之间具体形式上的关心必不可少，能够让彼此明确地感受到对方的关爱。除了具体形式上的关心之外，情感上的交流也非常重要。只有彼此及时沟通，才能消除心理上的隔阂，缩短双方的心理距离。

4. 发挥儿子的中介作用

婆媳关系本来就是亲子关系与夫妻关系各自延伸而形成的一种新的家庭人际关系，男性在婆媳关系中扮演着“中介”角色，男性作为婆媳关系的中介点，对婆媳双方的性格特点最为了解。因此，儿子在处理婆媳关系中起着十分重要的中介作用。主要有：

（1）男性可以在婆媳沟通中发挥弥补和推动的作用。让婆媳之间可以更轻易地消除心理上的屏障，增进感情。如母亲过生日，丈夫让妻子出面挑选礼物送给母亲。这些策略都有助于婆媳之间的情感交流。

（2）婆媳之间发生矛盾时，儿子可以起疏导作用。婆媳之间一旦出现了隔阂，如果缺乏沟通平台，往往不容易消除矛盾，通过儿子从中周旋，可以消除心理屏障，使婆媳和好如初。

家庭中的非暴力沟通

在家庭生活中，也许我们从来没有想过自己和“暴力”也能扯上关系。但是，恰恰正是我们每天使用的语言，有时却成为“暴力”的体现。我们习惯于判断他人的是非对错，话语中也往往存在指责、嘲讽、否定、说教、批判以及任意打断。许多人没有意识到，语言及表达方式对我们有巨大的影响，也许我们并不认为自己的谈话方式是“暴力”的，但我们的语言确实常常引发自己和他人的痛苦，甚至引发口角“战争”。如果一个家庭中的暴力沟通取代了“爱的语言”，那么会给家庭成员带来情感和精神的创伤，由此打破家的和谐，进而导致家庭关系愈加疏离、冷漠。

我的爱怎么成暴力

在日常的家庭交流中，究竟怎样的交流属于暴力沟通呢？所谓的暴力的根源，就是家庭成员忽视彼此的感受和需要，习惯性地将冲突归咎于对方。

很多女性这样感叹：“孩子要什么我都给他买，但她还说我没关心她，孩子真是不知足呀”“我和老公之间真没法沟通，说不到两句就吵”“我为丈夫付出那么多，他一点都不在意，他就是一个自私的人”。

听到这些怨言，女性朋友们需要思考一个问题，或许我们的这些表达都源于对家人的爱，但是这些话真的是完全准确地反映出问题了吗？还是在这些语言表达并不准确，没有反映出家庭问题的症结所在。这些语言表达中存在预先的评价、绝对化和糟糕至极三种特点，而这些特点恰恰正是破坏“爱的语言”的重要因素。

爱的语言更加动听

非暴力沟通又称爱的语言，非暴力沟通方式，是鼓励人们从感受进一步去了解自己的愿望，去发现还有哪些需要、期待和价值观没有得到满足。通过这些思考和发现，我们不再指责他人，而承认自己感受源于自身。当我们懂得把自己的需求说得更清晰时，他人越可能对我们做出积极的回应。

非暴力沟通模式由马歇尔·卢森堡博士在1963年提出。2003年，联合国教科文组织（UNESCO）将非暴力沟通列为全球正式教育和非正式教育领域非暴力解决冲突的最佳实践之一。透过非暴力沟通，我们不但能诚实地表达自己，又能深入地倾听他人，建立心与心之间的联系，使双方无须委曲求全就能满足彼此的需要，和平地化解冲突。

非暴力沟通的功能：

（1）突破那些引发争论、愤怒和焦虑等负面情绪的思维方式。

（2）和平地化解人际冲突，诸如发生在家庭、学校、职场或种族间的冲突。

（3）培养彼此尊重、互爱互助的人际关系。

（4）疗愈人际关系中的伤痛，建立和谐的生命体验。

非暴力沟通的技巧

区分观察和评论，能够不带预设地仔细地客观地观察正在发生的事情，并具体指出正影响我们的行为和事物。例如某人迟到30分钟，我们通常不会直观地说他迟到半小时，而是会评判他是个不守时或者没有时间观念的人。对于大多数的人来说，观察他人及其行为，而不评判、指责或以其他方式进行分析，是难以做到的。将观察和评论混为一谈，人们将倾向于听到批评，甚至会产生逆反心理。如何区分观察和评论，例如，女性朋友可以尝试这样和丈夫沟通："你已经连续一周都晚上10点多才回家了。"而不是"你总是那么晚回家，太不顾家了。"

区分感受和想法，能够清楚地识别和正确地表达我正在处于什么样的身体感觉和情感状态，而把想法区分开来，不在描述自己感受的同时加上对事物的看法和观点。当我们说“我觉得”时，常常并不是在表达感受，而是在表达想法。例如，“我觉得我被忽略了”。“被忽略”是我们的判断。此时，我真正的感受可能是“我感到失落”，为了更清晰地表达感受，非暴力沟通主张使用具体的语言。“很好”或“很差”这样的词语很难让人明白我们的实际状况。

体会与正发生的事情和自己的需要有什么关系，这些需要是否得到满足。对于大多数人来说，个人成长一般会经历三个阶段：“情感的奴隶”——我们认为自己义务使他人快乐；“面目可憎”时期——此时，我们拒绝考虑他人的感受和需要；“生活的主人”——我们意识到，虽然我们对自己的意愿、感受和行动负有完全的责任，但无法为他人负责。与此同时，还应认识到，我们无法牺牲他人来满足自己的需要。

提出具体、明确的请求（要什么，而不是不要什么），而且是请求而非要求（希望对方的行为是出于由衷的关心，而不是出于恐惧、内疚、惭愧、责任等）。我们要清楚地告诉对方，我们希望他们做什么。应该避免使用抽象的语言，而借助具体的描述来提出要求。如果我们请求他人不做什么，对方也许会感到困惑，不知道我们到底想要什么。而且，这样的请求还容易引起别人的反感。例如，“我希望你每周至少有两个晚上在家陪孩子”而不是“我不希望你花太多时间在工作上”。

非暴力沟通的技巧强调我们对自身的感受、行为以及对他人做出反应时的选择负责，以及如何致力于建立协作性的人际关系。非暴力沟通强调深入地倾听——倾听自己以及他人的声音，专注于澄清彼此的观察、感受、需要和请求，有助于促进家庭成员间的相互尊重、关注和理解，进而引发双方积极互动的愿望。

家庭中的非暴力沟通模式

那么，具体在家庭中怎么样去尝试使用非暴力沟通的模式呢？下面以夫妻间的沟通为例，通过四步沟通法，为婚姻保鲜。

1. 观察，要客观描述不要评论

当你离开忙碌了一天的办公室，回到家中就看见丈夫正懒洋洋地靠在沙发上看电视，脱下的帽子、围巾、大衣扔得到处都是。这时，你能否心平气和地对他说："我看到帽子在茶几底下，大衣在沙发背上，围巾在地上，我不高兴，因为我看重家的整洁。你愿意把衣服挂在衣架上吗?"———还是，忍不住脱口而出："你怎么可以把房间弄得一团糟?"或者"你怎么总是乱丢东西?!"

后两种表达方式是不是有点充满了"暴力"的味道。如果我们的表达充满了这样的简单评论，尤其是负面评价，作为听众的对方就可能产生逆反心理，急于反驳，而不是做出积极的反应。两句话不到，也许一场家庭大战由此引发。

非暴力沟通模式建议：我们在沟通时尽量避免任意夸大，以偏概全，随意推测，取而代之的是，尽可能让自己客观描述事情，这样有助于让交谈的对方保持耳朵和心灵的开放。比如说"我们约好6点开始，现在已经8点钟了"就要比"你总是迟到"更加准确，也更加容易促成良好沟通的实现。

2. 感受，别把感受和想法混淆

妻子生病了，晚上6点半给丈夫打电话，丈夫8点钟赶回家。妻子一看到丈夫，脱口而出："你怎么才回来？你一点都不在乎我!"丈夫推掉应酬好不容易才赶回家，听妻子这样一说，肯定是满肚子委屈。其实妻子想表达的感受是，"我生病了，一个人在家，很孤单，我需要你的关心"。这就是把感受和想法混为一谈的范例。这种言语"暴力"现象很常见。

非暴力沟通建议：我们在表达时尽量少用"你"开头，这样容易带着指责、埋怨，对方会出于本能去辩解、反击。相反，应该多用"我"开头，"我很愤怒""我十分伤心"，这其中则更多含有袒露自己心声的意味，更容易换来对方的坦诚相待。对于指责、埋怨，对方若不反击，倒不一定是好事，他可能把这些负面情绪深埋在心中，慢慢发酵，某个时机会双倍释放出来；或者他永远不释放，一直压抑着，久而久之，则会表现为身体的疾病，如心血管疾病、胃溃疡，甚至癌症。

3. 需要，说出自己的需要和期待

有些人会有这样的经历，夫妻两个平时沟通都不错，可一触及某个话题，或遭遇某类事，一方就会表现很失态，或者引发双方的争吵。

非暴力沟通建议：这种情况下，当事的双方应该静下心来，倾听自己内心的声音，了解自己的愿望，去发现引起争执的原因是否是因为还有哪些需要、期待和价值观没有得到满足。比如说，当我们说，“我生病了一个人在家，很孤单、很难受”，是因为“我希望得到丈夫更多的关注”；当我们说“你忘了我的生日，我很生气”，是因为“我看重生日的祝福”。

通过这些思考和发现，我们不再指责他人，而承认感受源于自身。当我们把愿望说得越清楚，他人越可能做出积极的回应。遗憾的是，大多数人并不习惯从需要的角度来考虑问题。在不顺心的时候，我们倾向于指出别人有什么错。这样很容易引起对方的申辩和反击。如果我们可以换一种表达方式，向对方表达我们的需要，而不是指责和批评，就很有可能找到办法来满足双方的需要。

4. 请求，提出明确的具体请求

一位怀孕妻子向丈夫抱怨：“你整天就想着工作，一点都不关心我！”第二天，她的丈夫给她买了一副名贵的珠宝首饰，其实妻子是希望丈夫能多待在家里，给她多些陪伴。妻子不希望丈夫花太多时间在工作上，却没有说清楚她想要什么。相信如果她清晰地表达“我希望你每天早点下班，陪我散步，和我一起吃晚饭”，这样的愿望更加容易得到对方的积极回应。

非暴力沟通提示：不要让你的请求听起来像是命令。对于中国人，夫妻之间用“请”字，会显得很生分，每个家庭都可以根据自己的习惯，选择更适合的表达方式。“把你的脚拿开！”与“老公，把你的脚拿开好吗？”不同的表达，让对方的感觉可能会很不一样。

这种沟通方法不仅适用于夫妻之间，也同样适用于父母与孩子之间、工作中的上下级之间。观察、感受、需要和请求，我们将这四大要素应用于生活中，你会发现你与周围的人沟通越来越顺畅。

他和她的六大需求

他和她的需求有差异

家庭的产生最初由一男一女开始，这个“他”和“她”基于感情基础，以共同生活为目的结合在一起。虽然两个人因为共同的目标走在一起，但是双方的情感需求却存在着很大的差异。美国的婚姻心理学家哈里认为婚姻当中最重要的问题就在于夫妻双方不能及时地感知和满足对方的需求，婚姻的情感与心理稳定性取决于需求的满足程度。

如果能满足双方的情感需求，婚姻就会变得和谐幸福。如果夫妻都能在共同生活中获得需求的满足，那么任何一方都不感到感情疏远和心理孤寂，他们的婚姻就是稳定的。相反，如果某些要求得不到满足，就会感到心情不舒畅，产生和增强不良情绪，导致争吵和持续的冲突。

例如，自我价值得不到对方承认，自尊心受到损伤；一方或双方的性要求得不到满足；一方或双方的正当感情需求如温存、体贴等得不到满足；夫妻中一方酗酒、纵欲或有其他过分要求，导致家庭花费过大、入不敷出；一方过于奢侈，导致家庭物质保障出现问题；双方在吃喝、穿戴上的需求不同，在添置日常用具以及各自需要的开销方面存在差异；在休息、闲暇、爱好、娱乐活动中各有不同的需求和情趣等。这些需求出现矛盾和冲突，是很多婚姻问题的根源所在。

男性在婚姻中的五个重要基本需求

男性的五个重要基本需求，依次排序是：

1. 美满的性生活

这是男人在婚姻生活中最重要的需求，对一个典型的男人而言，性就好比空气或水，没有它就不太可能生存。男人是在性爱之中得到情爱的满足。他希望能够享有美满的性生活，从而实现夫妻双方灵肉合一的心理感受。

大多数有婚外情的男人都会抱怨，在性生活方面，他对妻子没感觉；或他想要时，妻子不够热情。当需要不被满足，这样的关系就会失衡，男人就会去别的地方寻找满足，寻求补偿。当男人对女人提出性要求时，女人应用智慧地去满足他，而不是拒绝或简单应付。这里没有对与错、是与非，这是身体的不同造成的。

性爱的好处很多，不必赘述，这里有必要提醒一下性爱对消除抑郁的作用。性爱时，大脑中会产生大量内啡肽，这种物质能使人产生快感与幸福感。美国加州大学的研究显示，一次性高潮过后，85%的轻度抑郁患者症状会有所减轻。

2. 娱乐的好伴侣

妻子能够和自己有一些共同的兴趣和爱好是男人在婚姻中的第二个需求。在娱乐活动中有配偶的参与，会令他感到兴奋。虽然，现实生活中有些拥有不同娱乐活动和兴趣爱好的夫妻婚姻也很幸福美满，但他们为此而付出的努力牺牲只有他们自己才能感受到。

丈夫最喜欢什么娱乐活动，女人也可以有意识地关注，逐渐培养自己的兴趣。常常跟丈夫共同享有愉快的休闲时光，一是可以增进夫妻感情，二是可以增加夫妻相处的时间，三也可以规避丈夫在娱乐活动中寻找其他的女伴，造成妻子的猜疑、不信任和误解。如果妻子实在对丈夫的喜好不感兴趣，夫妻两人可以彼此包容理解，共同尝试培养一些新的娱乐活动，让两人都在活动中体验到乐趣。这样，最美好的时光，就是由丈夫和妻子同享的。中国俗语有“夫唱妇随”，说的就是这种合拍的夫妇。

3. 仪表出众

能有一位美丽动人的妻子是男人引以为傲的事情。但许多女人一旦结了婚，就变得很随意。认为丈夫是爱自己的，外表并不重要。但这种看法却与事实相差甚远。一方面，因为男人的性欲主要来源于视觉刺激，妻子的美貌，往往会引起他生理上的冲动，他会情不自禁地表现出对妻子的爱慕之情。另一方面，由于社会方面的原因。因为人们往往会以妻子的外貌来评断一个男人的成功与能力。男人拥有美貌的妻子，也就显示了他的社会经济地位和才华。因此，大多数男人对女人的外貌十分在意。但这并不是说女人必须打扮得像天仙一样。在生活中，漂亮出众的女人毕竟不多。因此，作为妻子，只要能够在穿着打扮方面稍加注意，让自己保持活力就可以了。

4. 家务上的协助

男人需要女人为他建立一个温馨、幸福的家，把家中的琐事处理得井井有条。当他在外承受压力或遇到挫折时，家就是他的避难所、避风港。许多男人常常会幻想着自己下班回家时，受到妻子儿女的欢迎，不久就有香喷喷的饭菜端上来，这种温馨的感觉让男人感到十分舒适，他在闲暇时也更愿意待在家里。

在这里，我们还可以把家务的范畴延伸开来，包括处理好丈夫的同事、父母、亲戚等方面的关系，让丈夫在工作场合和自己的家族里有面子。

5. 爱慕尊重

男人需要女人的爱慕和敬重。因为来自妻子的爱慕和敬重能使男人的自信心得以健康的成长，从而发挥其自身的最大潜力。这一点是目前我国双职工家庭中，男人最大的烦恼。他们普遍反映自己在家中得不到妻子应有的爱慕与尊重。

女性朋友作为妻子应该是最了解和欣赏自己丈夫的人。在婚姻中，作为妻子应该常常提醒丈夫意识到自己的存在价值和所取得的成就，并帮他保持自信，不要任意的批评和打击。更多采用非暴力沟通的方式向丈夫提供建议，来避免损害丈夫受到爱慕、尊重的需求。

当然，有的妻子会说，自己的老公实在没有可供钦佩更别说可供崇拜的地方，那么，可否扪心自问：当初你为什么要嫁给他？如果连恋爱时你都找不到一处老公值得你钦佩甚至崇拜的理由，这样的婚姻压根就是错误的。如果能找到哪怕一条，去好好培育吧。一个人的身上一定存在着优点也有缺点，只要有一条闪光点，就能生出 N 条来。有男性学者曾经这样表示：当一个男人不被需要的时候，无异于慢性自杀。

女性在婚姻中的五个重要基本需求

1. 情爱的表达

一个女人对情爱的渴望是她最深的情感需求。对于大多数女人来说，情爱是安全、保障与认同的象征，她们需要不断地得到配偶的肯定。对于一个典型的女人，即使你把“我爱你”说上一百遍她也不嫌多。女人在婚姻中最需要的就是丈夫对自己的爱的表示。多数女人喜欢拥抱、亲吻的感受。一张问候卡、一束鲜花、浪漫的晚餐，甚至关心的语调，都能让女人的感情得到滋养。从女人的观念来看，巩固与男人之间的关系最基础的在于情爱的流露。没有情爱，她就产生不了夫妻特有的亲密感。特别是在女人情绪低落的时候，她最希望得到丈夫爱的承诺。

“被爱”是女人最在意的感受。这个爱，包括在乎、重视、保护、赠送礼物、拉手、拥抱、亲吻、与她相处、聊天、为她效劳等。这个“被爱”是“感觉到被爱”的缩写。你爱她，但她没感觉到，是不算的。

有些男人会说：“我为她付出了那么多，她为什么还说我不爱她呢?”这说明你没用她能感受到爱的方式来爱她，也就是说，你表达错了。这时，你应该好好地与她聊聊，耐心地询问：“我怎样做，你才能觉得我爱你?”试着就这么问，不要嫌拗口。让妻子列举出来，妻子自己也会更清楚自己的需求，而丈夫也更明晰在以后的生活中如何改进。

也有男人说：“我与她亲密，就是爱她。”这种想法有误。女人在“被爱”时产生一种快感，女性很迷恋这种感觉，而这种感觉与性爱并不能等同。与男人不同，她们付出或接受的爱意大多数都不是出于生理欲望的需要。

2. 言语的沟通

女人需要与配偶在言语上进行交流和沟通。这是因为女人可以通过聊天和拉家常缓解自己心理上的压力。这一点常常同男人的行为模式相冲突。大多数男人也不了解女人的这一需求。因为男人缓解自己压力的方式是沉默、独处。工作劳累了一天后，女人想与丈夫聊聊天来放松自己。男人则想静静看看书报、电视等进行休息。一个想说话，一个要沉默。因此男女两性要满足彼此的需求是要做出努力的。

与男人不同，女人是“听觉动物”。她喜欢听好听的，也喜欢你听她说话。男性如果一味地自说自话，让女性无从插话，也会影响这种需求的满足。即使男性有很多话要说，也要给予女性机会均等的发言权，否则女性的注意力很快会被转移，甚至产生厌烦的情绪。这里的言语沟通不同与日常生活中的一般交流，女性需求的这种沟通有时需要独立出来。例如，仅限于丈夫和妻子两人单独的交流。谈话的内容应是积极的，不具有破坏性，是夫妻间带有情感表露的交流。这样的交流并不需要占据日常生活的整个时间，每天有一小段时间即可。

3. 开明真诚

女人需要男人有一个坦诚的态度，将未来的计划与她协商。女性需要了解男性的各种想法和日常事务，知情权是女性很看重的婚姻权力之一。在我们的生活中最常见的就是女性抱怨男人经常晚回家，甚至因此而发生争吵。男人认为是妻子对他的不信任。其实不然，女人要的是“夫妻一体”的亲密感觉。其实只要男人在晚回家之前，给她打一个电话告诉她，做出相应的解释，问题就解决了。

4. 经济上的支持

女人比男人更需要经济方面的支持。虽然，男人女人都挣钱，但如果你靠妻子的工资养家糊口，她是不会满意的。这可能与她们的传统角色有关，女人总希望男人的工资要比他高，能力要比她强，只有这样才可以使她产生安全感。

5. 家庭的承诺

女人希望丈夫与自己一起承担教育子女的责任。希望他能经常和家人一起参加活动，共同解决家庭中的各种问题。这包括做好丈夫、父亲的角色，做好家庭的领导者和建设者，做好子女的榜样和教育者。

我们可以看到男女两性情感需求的差异很大，这也是很多婚姻触礁的原因。即使夫妻双方深爱着对方，有最好的起点，但是如果盲目地认为我的需求就是他或她的需求，那么，将不利于婚姻的“运作”。

夫妻和谐的秘诀

夫妻关系是整个家庭关系的核心，其他家庭关系都是由此衍生而来的。从特点上看，夫妻关系“最陌生”却又“最亲密”：彼此之间没有血缘关系，由陌生到相遇而逐渐走到一起，并陪伴一生；夫妻关系“最圣洁”却又“最平淡”：两个人因为爱情升华而迈进神圣的婚姻殿堂，但同时又不得不走进柴米油盐和家长里短的琐碎生活中。夫妻关系的特点同时蕴含着处理的难点：情感保鲜难，如何消除审美疲劳，保持感情的历久弥新，这是门学问；情感平衡难，在夫妻关系与其他家庭关系发生矛盾和冲突时，夫妻之间如何协调，如何抉择，这是个艺术。比如，三人同船，妻子与母亲同时落水，先救谁的难题，不知难住了多少男子汉大丈夫。那么，如何处理好夫妻关系呢？难点中也蕴含着解决的要点。

夫妻和睦，不仅有利于双方的婚姻美满、身心健康和事业成功，而且有利于子女的教育成长，有利于社会的安定和发展。那么，夫妻之间怎样才能做到和睦呢？

夫妻要相互尊重

自尊心是人的非常强烈而重要的一种情感，从幼年时期就已经产生。自尊心得到满足，心情就愉悦；如果一旦受到伤害，就会带来极大的痛苦。那种训斥、轻视或贬低爱人的做法，会给爱人造成极大的伤害。夫妻之间相互尊重，不仅能使自尊心得到满足，同时能增强相互之间的依赖。因此，夫妻之间要想和睦，相互尊重是基础。

善待对方的亲人

很多年轻夫妻结婚以后，认为婚姻只是夫妻两个人的事，与别人没有任何关系，往往在言谈举止中流露出不尊重对方老人或其他亲友的表现，这对于夫妻的和睦影响很大。要知道，无论是谁，都是由父母养育成人，在亲友关怀下成长的，何况还有血浓于水的亲缘关系。所以，善待对方的亲人也是爱对方的一种表现。

尊重对方的爱好

每个人都有自己的爱好，这是一种心理需要，也是精神生活中必不可少的一个内容。作为夫妻，必须尊重对方的爱好，尽量满足对方的心理需要并提供一切方便，而不要加以限制。

性格融合

每个人都有自己的性格，有的夫妻性格差异很大。两个火爆脾气的很容易发生内部战争。两个不喜表达的人在一起容易冷战。常说本性难移，这是很难克服的困难。但是，性格并非不能融合，只要夫妻双方对自己和对方的性格、脾性足够了解，并且有愿意融合的动力，那么夫妻之间可以通过不断地磨合，在处理各种生活事务和矛盾中总结出一套适合两人的相处模式。

保留社交的自由

一个人生活在社会上，要学习，要工作，自然会与同学、同事、朋友交往；而一个人在事业上的成功，往往离不开别人的帮助，所以社交活动有其十分重要的意义。夫妻之间要允许对方有社交的自由，这不仅不会影响爱情的专一，还会因对方的尊重和信任，赢得更深的爱意。而那种不准爱人和别人交往、动辄醋意大发的做法，只会使爱人产生反感和厌恶，进而对家庭生活感到厌倦，从而给婚姻带来危机。

给对方自主的机会。每个人都希望按自己的思想和意志办事，这是人的心理上需要自主的一种正常表现。夫妻双方无论在家里还是在外边，都要给对方这种自主表现的机会，让其充分发挥自己的才能和智慧。那种一切唯我是从、限制对方自主表现的做法，不仅扼杀了对方的自主性，同时也扼杀了夫妻的和睦与婚姻的美满。

主动接受对方宣泄

每个人在学习、工作、生活中不可能一帆风顺，有时心里不痛快，需要向别人倾诉，以便将苦闷宣泄，从而求得心理的平衡。宣泄最理想的对象自然是自己的爱人。当对方情绪不好时，要主动倾听对方的宣泄，不要责备对方唠叨烦人，更不要责怪对方心胸狭窄。在一方心情不好时，另一方应理解、同情、倾听宣泄，并给予劝慰和疏导，以让对方从矛盾和苦恼中得到解脱。

尽量满足性爱需要

性爱是夫妻之间日常生活的重要组成部分，健康和谐的性生活，是协调夫妻关系的一个桥梁，是夫妻关系的润滑剂，会使夫妻生活更加甜蜜、美满与幸福。如果夫妻一方有意淡化、疏远，甚至采用惩罚性质的分居，都会带来不良后果。正确的做法是，夫妻之间要互相尊重对方的性要求，及时做出反应，并尽量给予满足。健康和谐的性生活，会使夫妻之间更加恩爱，婚姻更加美满。

性关系的和谐发展，有助于增强婚姻的凝聚力。怎样才能保持夫妻婚后性生活的魅力？

（1）给性生活以优先权。美满幸福的夫妻把性生活看作是和谐夫妻关系的一个重要组成部分。在夫妻相处中，应把性生活和日常生活放在同等重要的位置。

（2）预定同房日期。提前约定同房日期会加深夫妻间的感情，又会使彼此产生期待和向往。如正巧在约定的当晚发生争吵，应该懂得如何把烦恼放在一边，集中精力于夫妻从事美满的性生活，这往往不自觉地消除了烦恼，也解决了因争吵引起的矛盾。

（3）性爱的多样化。相亲相爱、相互体贴当然是强化夫妻感情的一个重要因素。和谐美满的夫妻，从语言、举止甚至每一个眼色都可以看出他们之间的柔情蜜意，这样的夫妻才称得上是鸳鸯一双了。不言而喻，他们的性生活是美满的。

（4）触摸的妙用。幸福的夫妻比一般人更敏感，他们深知触摸的学问，手摸、搂抱、亲吻，不仅能够传递性刺激，而且是情感加温的“燃料”。心理学家发现，抚摸和亲吻往往比性本身更能使人得到性满足。

（5）交谈的妙用。对女性来说，交谈和感到被爱比性交更重要。一次势心惬意的交谈能够刺激性欲，温柔亲切的语言还能加强随之而来的性欲享受。

相互忠诚

在夫妻关系中，双方的忠诚是非常重要的因素。因为夫妻的相互忠诚，才会产生信任，使双方关系融洽，心情愉悦，身心健康，家庭和睦，精力充沛地去学习、工作，从而在事业上取得成功，而事业的成功将会进一步使夫妻的感情得到增强。因此，夫妻之间的相互忠诚，是夫妻和睦的一个非常重要的条件。

夫妻和谐相处的五个法则

在一起生活久了，夫妻间的摩擦难免越来越多，最终可能导致夫妻感情受影响。美国著名临床心理学家哈里特·勒娜博士指出：“消极等待对方改变只能加速婚姻的毁灭，最好的办法是自己积极行动起来。”五条夫妻相处的最佳法则，能够帮助建立和谐夫妻关系。

1. 不吝啬随时随地的赞美

我们经常通过赞美的方式鼓励孩子养成好习惯，但却忘了把这一招用到伴侣身上。此外，还可以经常做一些让伴侣感到被爱、被珍惜的事情，如帮对方洗碗，为对方按摩。小事情往往最能温暖对方的心。

2. 每天最多批评对方一次

随着两人彼此熟悉的程度加深，赞美的语言越来越少，批评的话却越来越多。没有人能够忍受批评胜过欣赏的婚姻关系。所以夫妻双方要三缄其口，理想情况下，每天至多批评对方一次。

3. 学会聆听

当双方都很放松时，说什么都容易接受。当一方头脑发热或滔滔不绝时，最好的办法就是先静静聆听。

4. 想象你家住着一位客人

已婚人士对待陌生人的态度远胜于对待伴侣。心理学家曾接受一对夫妇的咨询，这对夫妻只要单独在一起就会扯着喉咙互相指责。于是，心理学家建议他们的一位同事搬来与他们共住几个月，结果，夫妻两人变得相敬如宾。就此，勒娜博士指出，想象家中住着一位客人，会让伴侣控制自身情绪的能力大大提升。

5. 牢记“三句话”原则

很多男性都害怕陷入无休止的争吵中。最让男人烦恼的是女人生气时说话的语速、句子数量和音量。所以调低音量、放慢说话速度，尽量以三句话表达自己的意思。这样做不仅可以避免争吵，而且能提高沟通效率。

缩小夫妻间的“剪刀差”

当绘制一张婚姻社会价值取向的坐标图时，就会清晰地看到，男人和女人在不同年龄阶段有着迥异的人生定位。

第一阶段：年轻时，表示女性婚姻价值取向的“女貌”坐标处于社会婚姻价值曲线的顶峰，表示男性婚姻价值取向的“郎才”坐标则处于曲线的谷底。

第二阶段：时光流转，“郎才”曲线逐步上升，“女貌”曲线渐次走低。在中年前后，形成一个交汇点。

第三阶段：成功男人的“郎才”曲线继续向峰顶攀升，而大多数女性的“女貌”曲线则向谷底下滑。

在相当长的一段时间内，两条曲线呈现差距逐渐拉大的趋势，两者的形状宛如一把张开的剪刀。一般到了50岁以后，两条曲线渐渐平行，形如剪柄。称之为夫妻间的“剪刀差”原理。

用“剪刀形”的原理来解释现实生活中的夫妻关系，很形象也很管用，它能使很多现象找到出处，很多困惑得到解释。比如，人们常说“男到四十一朵花”，意思是说到这个时候，男人才真正地走向成熟，事业正走向高峰，“郎才”得到充分体现。而这个时候的女性，容颜随着时光渐渐流逝。

适当“剪刀形”的存在是不可避免的，不会影响夫妻间的和谐和婚姻的稳定，但当“剪刀形”过大时，则婚姻不仅不能和谐，更有可能破裂，进而影响到家庭的稳定。夫妻之间的条件不能悬殊太大，这是被实践检验了的“公理”。

缩小“剪刀形”可以着眼于“剪刀形”曲线特点，在三个方面采取补救措施：

（1）将夫妻间生理年龄差距适当拉大。由于男女的婚姻价值取向高峰出现，通常有一定的时间间隔，女性的高峰出现的早，男性的高峰出现的晚，因此拉开男女年龄差距就可以减小高峰期的错位。古人很早就看到这个问题，先秦《周礼地官媒氏》说“令男三十而娶，女二十而嫁。”《礼记内则》也说：“男子二十举行冠礼，开始学礼，三十而成家。女子举行笄礼，二十而嫁。”从古人的这些记录中，可以看到男子和女子的婚嫁年龄相隔在10岁左右。如果把10岁定为男女年龄差距标准，将上文所说的剪刀形曲线中，代表男女婚姻价值取向的两根曲线平移，就可以惊奇地发现，剪刀差将不复存在，甚至有可能重合为一个抛物线。当然，这并不代表夫妻间的年龄差一定要在10岁。

（2）不断增强维系夫妻间感情的因素。在现实生活中，许多夫妻的年龄差距不大，但是夫妻感情也很牢靠，这是因为维系夫妻感情的因素很多，比如在共同打拼中形成的相濡以沫深情，在主观上使男女双方有牢固的感情基础；有了子女之后，在客观上双方有抚养教育的共同责任，出于对子女的爱，更加珍惜现在的感情；另外，在长期的共同生活中，经济生活的相互依赖也使夫妻关系稳定。因此，家庭的稳定程度，离不开这些因素的维系，特别是作为爱情结晶的子女，更是促进夫妻感情，淡化剪刀形的重要因素。

(3) 把单纯的郎才女貌演化为才貌双全。随着社会的进步，女性在经济上不再完全依附于男性，因而相貌不再是评价女性婚姻价值取向的唯一标杆。当女性随着年龄的增长，她的才干也在不断增长，她的婚姻价值取向并不因为容貌的衰减而递减。这也从另外一个角度提示女性朋友，年轻貌美并不是维系婚姻的法宝。

认识和掌握夫妻间的“剪刀形”原理，就是为了防止和避免让潜在的“感情危机期”成为现实的感情危机，共同维护夫妻的恩爱和睦和家庭的稳定和谐。

夫妻和谐的四个秘诀

(1) 幸福的性生活（40%）——益处：长寿、漂亮、脾气好、不易得妇科病、懂得爱。

(2) 彼此沟通（20%）——告诉对方你的感觉，沟通时语言占7%，语气语调38%，肢体语言55%，沟通的最高境界是契合。

(3) 共同学习成长（20%）——一起看一本好书，或者一起去旅游。

(4) 财务状况（20%）——一起规划家庭梦想。

管理一个强固的家庭

夫妻间的平行管理

夫妻生活最重要的基础就是互相敬重，但是在双方具体的事务中，又存在着“管理和被管理”的关系。这种管理关系并不特指夫妻哪一方是管理者，哪一方是被管理者，而主要针对的是夫妻不同的角色对应的职责和特长。如果不能敬重对方，夫妻的恩爱将会只留滞于义务的形式，没有敬重与被敬重的感觉，爱就已经消失只留下家庭的角色扮演。不管是冲突型、等待型，还是互补型的夫妻关系，都必须因为爱而敬重对方，而后凭借内心的爱与行为的敬重，来执行“管与被管”的权力系统。

夫妻两人的人品、气质、美丑、才艺、能力、成就，原来就有高下之分，这些差异了爱与被爱的指标，成了双方感情的评鉴标准。但是当代的夫妻必须深刻地了解，夫妻之爱要共同承受婚姻制度与家庭组织强大双重压力的爱情，才能成为令人羡慕的恩爱夫妻。

恩爱夫妻的平行管理就是：

（1）双方主动去察觉自己与对方，当下扮演的家庭角色是什么？

（2）察觉各自扮演的家庭角色是否称职，对对方扮演的角色的满意度如何？

（3）主动察觉与求证对方是否有改变的需求？

（4）主动调整自己的家庭角色，主动以互补的角度来满足或促成对方的满意或改变。

（5）丈夫这个角色的内涵包括：人夫、人子、人父的角色；妻子角色的内涵包括：人母、人妻、人女的角色（不要让自己总是停留在某个固定的角色原型中，要学会“角色转换”的能力）。

（6）夫妻若有争执，首先应反思各自的家庭角色是否出现了偏差？共同讨论问题是什么？如何解决问题？

（7）夫妻间应灵活转换角色满足不同的要求。

夫妻间平行管理体现在“同治”的形式上，同时各自的分工又有不同。过于僵化的夫妻相处模式在出现突发状况时就有可能受到冲击。因此，夫妻双方都应该清晰自己的角色定位，保持夫妻之间的灵活性，随着家庭发展变化，共同“平行”管理好夫妻关系。

亲子间的向下管理

如何教养下一代，教养出健康快乐的下一代，似乎成为家庭管理的最终目标。这个时代的父母或许不全是“孝子”，但百分百是“孝”子。当代的父母拥有更多的财富和资源来“爱”子女，让孩子享受最好的资源，尽全力的栽培儿女，用此来证明自己成就与抱负水平的方式——爱子女的能力。这种儿女观只是关注于父母的付出，而非儿女的需求；只关注于父母“爱”儿女的能力，而不去训练与要求儿女”被爱”的能力、方式，及被爱后“感恩之心与报恩的行为”。

父母们切记教养子女不是“以父母的价值为中心”，而是“以儿女的价值为中心”。新时代的教养必须修正为：“培育儿女快乐的生活观与追求快乐的生活能力。”否则的话我们的子女将只会享受被爱，而不懂得施爱；只拥有被动式的情绪经验，而不会主动创造正向的情绪刺激与反应。

所以下面提供父母每日十五种亲子技巧，这些技巧是出现在父母孩子的认知和行为之中，把利己（我的需求被满足，我很快乐）、利他（我有能力满足别人的需求，有能力让别人快乐，所以自己觉得很快乐）和互利（不因为我的快乐而让别人不快乐，也不让别人的不快乐影响我的快乐，更不让自己的不快乐影响别人的快乐，这就是一种互利的快乐）的三种快乐，渗透到亲子互动的日常生活之中，把快乐的身心指标成为自然的日常生活习惯。

1. 赞美

赞美是儿童行为发展中，最强效的正向增强物。赞美是父母确认孩子的价值以及学习、尝试错误、行为从做的发展方向。孩子没有得到父母的赞美，就是一种惩罚。赞美必须有效地运用以下三种技巧：

（1）三次赞美。在第一时间给予实时的第一次赞美；在另一时间告诉孩子主要家庭成员（母亲、父亲、祖父母等家人）进行第二次赞美；当着孩子的面，向其他家人或亲友外人引以为荣地给予第三次赞美。赞美的目的不是取悦孩子，而是要让子女了解父母多么引以为乐，赞美的目的更在于帮助孩子建立快乐行为习惯，当孩子的每一句话、每一件事、每一个快乐的念头，都能够得到"三次赞美"，她一定会变成快乐的孩子。

（2）赞美别人。父母不但要赞美孩子，还要教会子女如何赞美别人。孩子必须学会赞美别人的技巧，养成赞美别人的态度和习惯。父母要成为孩子的第三只眼睛，帮他观看生活中的人、事、物，发现别人说好话、做好事、向快乐的念头，就立刻邀约孩子一起赞美对方。

（3）赞美与肯定。父母必须学会赞美孩子的行为同时，更要学会肯定行为背后好的动机、好的德行、好的人格、好的能力，这样孩子不仅养成快乐的行为，更会涵养自我意象，肯定自己的德行、人格与行为。

2. 接受

接受这两个字更抽象，却是教养快乐儿童的重要基石。

（1）父母要接受孩子。父母不能接受自己、不能接受孩子，造成孩子不能接受自己、不能接受别人。接受自己，才能尊重自己、才能爱自己。被父母接受，才有归属感，才有被爱的感觉。

（2）孩子接受自己。父母不只要接受子女，还必须教导孩子真诚地接受自己，诚实面对自己的"苦"和"乐"、"对"和"错"。

（3）孩子接受别人。孩子不但要懂得接受自己，还要学会接受别人，接受别人的优点，也接受别人的缺点，接受别人的善，也接受别人的恶。父母必须教导孩子接受环境不可改变的人、事、物的存在。

3. 感谢

感谢就好似接受与赞美一样，是一个人成长中必备的心灵食粮、是一种德行、更是一种能力。如何在日常生活中帮助孩子拥有这种德行和能力呢？父母首先要以身作则。

（1）感谢这份拥有。面对子女，夫妻应该心存感谢，感谢这份拥有，“谢谢你，成为我的孩子”这份拥有人间最珍贵的感动，正是夫妻们看子女时心中的那份莫名的满足。

（2）感谢支付的代价。父母要求子女做家务或为自己服务，不但要对子女说“谢谢”，还要接口道出“对方所付出的代价”。

（3）感谢别人。父母常向孩子道谢，子女也自然地学会感谢别人，父母要常常引领子女，一起去发现家人以及外人的利他行为，而后一起向对方表达感谢的心意。

4. *爱语*

家庭的各种暴力，其中最多的就是语言暴力，严重伤害了儿童的身心健康的发展，为人父母者，必须积极地用爱语来代替恶言恶语。

（1）不要不讲理。父母不可以只下命令，而不说明原因。不但要说明原因，还要讲一个合理的、可接受的、不冲突的好道理。父母要讲子女听得懂的道理，还要讲符合快乐原则的道理。

（2）不做人身攻击。亲子沟通最忌讳的就是人身攻击，有些父母一生气就乱骂孩子，“笨蛋”“蠢猪”“没用”等，此类直接否定儿童尊严与自我存在价值的语言暴力，严重破坏亲子间爱与被爱的关系连接，孩子会认为父母不爱我，还会接受父母的指示——我是笨蛋。

（3）拥抱。幸福快乐的家庭生活观，人与人之间的行为不是在爱人就是在被爱。抚摸—拥抱—亲吻系列亲密的行为，则为增强爱语功能的最佳媒介。在家庭生活中，抚摸是恰当的亲密行为，抚摸孩子的身体、抱他、亲吻他。

（4）爱语。爱语不只是不说恶言，不只是口出善言，而是直接说“我爱你”“爸爸好想念你”“爸爸好担心你”等，千万不要吝啬，请常常告诉你的孩子“我爱你”。

5. *爱与被爱*

爱：家庭之爱、亲子之爱。学习爱的能力，满足自己与亲人之间爱与被爱的需求，是家庭亲子关系中最重要的任务。孩子必须学会爱自己，爱别人、被别人爱、父母更必须学会“被子女爱”，否则孩子将丧失爱与被爱的能力。

（1）爱自己。父母要教导孩子懂得爱自己，要让孩子明白自爱是被爱与爱人的基础。

（2）爱别人。孩子越是爱自己快乐的心，就越能诱发出善的本性与利他的行为，孩子要学习如何让别人快乐？为什么要让别人快乐？答案就是爱，我爱自己，所以要让自己快乐；我爱父母所以要让父母快乐；我爱家人，所以要让家人快乐。孩子必须在家里学习和练习爱的技巧。

（3）被子女爱。孩子体贴你、关怀你、主动观察你的需求，孩子黏你、缠你、向你撒娇，不是向你求爱，而是在爱你。

有效能的父母，进行积极有效的下行管理，才能守护我们的下一代，让下一代快乐的学习和成长。

智慧构建幸福生活

幸福，是一种内心体验，是一种持续的心理状态。幸福没有标准，每个人对幸福的理解也不一样，然而，很多人把实现追求后的那份感觉等同于幸福。事实上，幸福感和幸福不是同一个概念，幸福是一种持续状态，而幸福感是一种短暂感觉，无数的幸福感则又交织成了一种幸福的状态。现实中我们经常被幸福感迷惑而忽视了真正的幸福。

对于幸福的概念，美国积极心理学之父塞里格曼是这样定义的：

幸福 = 快乐（当下的快乐） + 意义（未来的意义） + 投入

充分面对现实并享受现实中的快乐，同时兼顾未来的意义。同时，又因为对未来充满希望，所以使现在的生活更加有意义。如果未来没有意义，那么人很有可能要沉沦于现实的虚无享乐中。另外，快乐的获得是建立在投入的基础之上的，如果缺乏投入就很难融入现实生活中，不能发现和享受当下生活中的快乐。享受当下快乐更要在未来意义的指引下，投入到当下的每一个生活、学习、工作瞬间中。

家庭幸福是每个人的追求，无论我们如何发展，最终都要落脚到这个追求上。

幸福家庭的共性

调查发现，幸福家庭具有共同的特征：分担责任、共度时光、彼此赞美、重视交流、诚实宽容、慎处危机。具体的表现是：

· 幸福的家庭夫妻肯定是恩爱的。

· 幸福的家庭子女肯定是孝顺的。

· 幸福的家庭成员精神和身体是健康的。

· 幸福的家庭成员没有不良嗜好。

· 幸福的家庭有良好的教育，一代比一代强。

· 幸福的家庭不是特别富有，但钱绝对够用。

· 幸福的家庭成员都是平等和民主的，没有地位高低之分。

· 幸福的家庭成员心态是积极的，而且具有童心。

· 幸福的家庭有一颗博爱之心，懂得去关心和同情弱者。

· 幸福的家庭对于家务的分担是不明确的，谁有空谁做家务。

总结起来，和谐幸福的家庭有七个共同特征：

1. 童心

只有童心不泯，青春才可常驻，爱情才可历久弥新，所以最好能保留多一点儿天真、单纯，多拥有一点儿爱好、好奇心，多玩一点游戏。不管是中年人还是老年人，在家庭中不妨保持适度的童心，会给家庭增加更多的情趣，也更利于与孩子沟通。

2. 浪漫

不少中国家庭太注意实际，而缺少浪漫。也许有人碰上这样的提问"工作、家务忙了一整天后，一家人为什么不去散散步呢？"会回答说："我很累。"然而这些说"很累"的人过不了一会儿就垒起"四方城"来，甚至彻夜通宵打麻将。可见，能否浪漫的关键在于是否拥有浪漫情怀。不要以为浪漫无边就是献花、跳舞，不要以为没有时间、没有钱就不能浪漫。要知道，浪漫的形式是丰富多彩、多种多样的。

3. 幽默

幽默的本质就是有趣、可笑和意味深长。幽默是人类智慧的结晶，是一种高级的情感活动和审美活动。幽默的作用不仅是让人发笑，那只是它最肤浅的作用，其对于制造幽默的人作用更为强大。

幽默对家庭成员的交往大有好处，常常使家庭矛盾化解于无形之间。此外，幽默能够促进家庭成员在解决问题时更加理性，烦恼、痛苦、忧虑、紧张是影响理性分析的重要阻碍，而幽默恰恰可以化解这些负性因素。

4. 亲昵

许多夫妻视经常亲昵为黏黏糊糊，解释“当众亲昵”是轻浮的表现。但专家研究发现，亲昵对提高家庭生活质量有着妙不可言的作用，而长期缺少拥抱、亲吻的人容易产生“皮肤饥饿”，进而产生感情饥饿。因此，家庭生活最好能多点儿亲昵的举动。例如，长大了的女儿仍挽着父亲的手；夫妻出门前拥抱、接吻等。

5. 情话

心理学家认为，配偶之间每天至少得向对方说三句以上充满感情的情话，如“我爱你”“我喜欢你的某某优点”。然而，不少国人太过于含蓄，有人若把“爱”挂在嘴边，就会被说成是浅薄、令人肉麻。不少中国夫妻更希望配偶把爱体现在细致、体贴的关心上。这固然没错，但如果只有行动，没有情话，会不会给人以“只有主菜，没有佐料”的缺陷感呢?

6. 沟通

影视片中常听到夫妻某一方说：“我想找你谈谈”！于是，双方会找一个机会把心中的不快全倒出来。而不少中国夫妻把意见、不快压抑在心里。其实，相互闭锁只能导致误会加深，长期压抑等于蓄积恶性能量，一旦爆发，破坏性更大。正确的做法应该是加强沟通，有意见、不快应诚恳、温和、讲究策略地说出来，并经常主动地了解对方有什么想法。吵架也不一定是坏事，毕竟它也是一种沟通手段，只是吵架时不可翻旧账或进行人身攻击。

7. 欣赏

人们常用欣赏的眼光看自己的孩子，所以总觉得“孩子是自己的好”；又因为常用挑剔的眼光看配偶，所以总认为老婆（丈夫）是别人的好。例如，一方全身心扑在工作上，另一方既可以欣赏：“他（她）事业心强!”也可以指责：“一点也不把家放在心里!”这说明了用不同的眼光去评价同一件事，结论会大相径庭。如果你不假思索就能数出配偶许多缺点，那么，你多半缺乏欣赏眼光。如果你能如数家珍般说出配偶的优点，那么，你就等于学会了爱，并能收获到爱。

智慧女性构建幸福生活的前奏

1. 爱自己

幸福的女人应该像四条腿的桌子，有健康的身体，有一定的经济收入和工作能力，有美满幸福的婚姻和爱情，有自己的圈子。在这里，身体是第一位的，做女人首先要爱自己，唯有爱自己，你才会更好地去爱别人。爱自己，不仅停留于身体、外貌，不仅指物质上不亏待自己，更多的是强调一种爱的能力和态度，以及通过关爱自己培养积极的心态。

（1）不追求完美、避免争强好胜。追求完美、争强好胜会给自己带来更大的压力，曾几时，努力做模范妻子，尽力做最好的母亲，陪着孩子学这学那……可是这样做的结果会怎么样呢？紧张得让自己身心不宁，脸黄、眼圈黑。越是追求完美越看不到希望，以至于损害了自己的幸福和健康。不必追求完美，适当的示弱能够舒缓压力，同时也能够赢得他人的支持。

（2）学会发泄自己的不良情绪。女人的情绪都有周期变化的时候，找人倾诉，适当的哭泣和宣泄也是爱自己的一种方式。

（3）学会遗忘。女性应该善于记忆，也应该学会遗忘。对女性来说，尤其是那些痛苦的事情，抛之脑后未尝不是种好办法。

3. 爱家人

学会爱自己，让自己保持良好的状态，就能以自己的能量照亮整个家庭。女性朋友需要主动去察觉每位家人的身心状态，积极去探索家人的家庭角色满意度与需求；然后努力调整自己的角色，更通过语言和行动，激励家人，让家人也维持在良好的状态。

幸福家庭四步曲

第一步是构建幸福家庭的理念，改变家庭思想，扭转教育上的逻辑错误，不要仅仅在具体的教育技巧上投入精力，更要注重正确的家庭理念和幸福理念的学习。

第二步是塑造幸福家庭的环境，为孩子卓越成长家庭幸福和谐塑造环境，实现孩子与父母的同频率，让父母和孩子有共同的教育理念，然后再考虑孩子身边比较好的同学或朋友，让他们与孩子同频率，让孩子在思维理念上找到伙伴，结成学习型伙伴，共同进步，然后是班级同学和老师的同频率。

第三步是缔造家庭文化，这是核心，每个家庭都应该有自己的家庭文化。书香门第传承的不是书籍，“富不过三代”失去的不仅仅是钱财，家庭文化是背后隐藏的东西。家庭文化应该包含核心的价值观、共同维护的家庭规则、家庭行为和家庭物质生活方式。

第四步是实践幸福家庭的习惯——行为习惯和思维习惯。第一步为家庭的思维习惯打下了深厚的基础，第二、三步中的家庭行为实践又有助于家庭的行为习惯养成。

构建幸福家庭的原则

（1）给每个人同等的重要性。只有当所有的成员都同样重要时，一个家庭才是一个“快乐家庭”。

（2）停止改变你的家庭成员。改变别人时，就是介入到他们的个人空间。努力改变其他家庭成员，可能导致逆反排斥。

（3）专注于自己的行为。努力思考，我可以做什么来解决问题。

（4）投入精神和热情，经营家庭的活动，创造和乐的气氛。

（5）用全身心倾听。

（6）定期安排家人一起工作、游戏、吃饭和闲聊。

（7）经常保持用欣赏的态度看家人。

（8）勿在家庭中吹毛求疵，家庭不是赛场。

（9）家庭危机出现时，冷静分析，不推诿和指责。

成为家庭称职的 CFO

如果说爱情是走进婚姻的开始，那么家庭就是经营婚姻的过程。财富管理也是女性在家庭经营规划中的重要一环，女性需要成为称职的家庭 CFO（财务总监）。

1. 财产的检视与定位

女性在结婚之前会有自己的收入，她们会根据自己的职业特点或投资风格来确定投资理财方式。而结婚之后，随着家庭责任的重新定位，财富管理中影响投资组合的因素都会发生变化，需要及时根据家庭的情况进行财产的检视与定位。

首先，组成家庭后，原来两人各自的开支额度可能随之下降，双方父母的赡养是否需要开支等，须重新编制收入支出表，查看资产负债状况和现金流量。

其次，“过滤”家庭主要收入来源者的风险和责任，选择相应的风险覆盖工具进行规避。

最后，结合家庭未来的时间规划和风险承受能力，搭建基本的投资框架。

2. 备好遮风挡雨的“伞”

生活中的风险无处不在，一个会持家的女性肯定会提早给自己和家人准备一把遮风挡雨的伞。对家庭而言，财富管理非常重要。随着家庭经济情况和家庭成员的增加，女性的理财思路还需要随之变化，需重新对财富管理进行检视。另外，为了保证家庭生活不受突然而来的变化的影响，家庭理财中必须留出一部分应急资金。

财富管理是家庭和谐的一个音符。随着时间的积累，善于进行财富管理的女性将会为家庭带来意想不到的变化。

第五章　职场六计

——现代职业女性职场必修课

现代女性，不仅要懂得生活的技巧，还要在工作中独当一面。长期以来，男性在职场环境中占主导地位，职业女性为了分半壁江山，往往要付出比男性多几倍的努力，付出大量的精力和时间，更有很多不为人知的辛酸。在这里，给女性朋友提供职场六计，帮助大家成为游刃有余的职业女性。

准确定位，建立稳固“支点”

女性在工作中的成就，常被认为无法与男性的功绩相提并论。究其原因不是男女专业能力高低有别，而是思维方式有差异。不得不承认，现代职场的游戏规则大多由男性建立，也倾向于男性的生理和心理特点。要想成为出色的职业女性确实不易，在这里，给女性朋友们一些建议，不妨从以下几个角度思考和行事：

理性分析

女性通常害怕遭到拒绝，所以，往往很难说出自己心理的真正需求。在工作中，如果某项任务被领导退回，对女性而言即代表领导不认可、不喜欢自己，以后没有机会了。女性较容易产生挫折、悲观、失望的心理，更易受感性思维主导；对男性而言，拒绝却代表了仍有许多其他的可能性，现在遭到拒绝，以后还有机会，可以换个方式再接再厉，找出问题点重新修正，总有被接受的机会。此时，男性较多就事论事，受理性思维主导。因此，女性可以尝试在处理工作事物时，理性分析对待，转换太过于注重人际关系的特点。

勇于表达主动出击

男性从小就被鼓励做事要勇敢，要勇于表达自己的看法。他们参与各项比赛、运动竞赛等活动，早已习惯竞争和输赢。女性则习惯做准备铺垫工作，虽然非常细心负责，却不擅长报告展示。女性往往是以一百分为标准做准备，而在表现时最后的分数要打一定折扣；而男性准备六十分，却常有表达时超常发挥。男性惯于主导职场环境，一有机会便很自然地推荐自己，争取表现的机会，扮演火车头的角色。相比之下，女性比较习惯默默耕耘，等待领导的赏识。

因此，职业女性需要转换视角，不要孤芳自赏，整天努力工作，以为领导一定知道自己为单位鞠躬尽瘁。事实是：你若不能勇于表达，主动出击，往往不能赢得领导的关注。

职场女性可以主动定期与同事、领导沟通。让其他人了解自己的最新工作情况，表现自己能力的同时，还能不断听取他人意见进行修正。

掌握发言的技巧

公开发言是最快捷的让他人了解你的方式之一，要让他人在有限的时间内对你的表达进行注意力集中的倾听，你的发言必须简短有力、表达准确。女性朋友的言语习惯往往会导致不自觉地模糊焦点，加上冗长的解释，让听众注意力转移。女性可以训练自己的公开发言技巧，包括声音、开场白、发言内容等，都可以有意识地进行训练。这样才能在公开发言的过程中给他人留下深刻的印象，就有机会获得青睐。

不要期待每个人都是朋友

女性比较看重职场中的人际关系，职业女性的一部分精力花费在与同事打交道，获得他人的认可。如果有同事直接表示：除了公事外，无意与你建立所谓的“朋友”关系时，女性的反应通常会感觉受伤，认为是其他原因所致，接下来也间接影响彼此工作上的合作与支援。对于这种状况，男性的反应常是无所谓，今天在工作中处于竞争对立的立场，明天却可以一起去唱卡拉 OK，公私泾渭分明，两者无关，也不会产生矛盾。反观女性，常常认为同事应在同一阵线，习惯将战友等同于朋友。女性认为，若不是朋友，如何并肩作战？

建议女性在职场中应以工作职务为标准，不要因为朋友的关系而影响了对公事该有的专业判断。即使彼此不是朋友，只要工作上能配合，能共同达成目的，就可以合作。夹杂太多的私人感情在工作里，反而会影响工作效率。在工作情境中，如何与同事保持适当距离也非常重要，若时时要顾及朋友情谊而误了公事，必定会产生负面效果。

时刻准备，迎接挑战

女性朋友可以设想一下，有一天，上级突然准备赋予你一个新的职务，让你肩负更多的挑战与责任时，你的第一个反应是什么？多数女性会开始担心是否能胜任，压力随之而来。因为不熟悉新业务，可能忐忑不安，甚至在压力状态下，影响新业务的表现。男性面对相同的问题时，则更倾向于接受新任务，跃跃欲试，虽然新挑战充满了不确定性，但男性更关注新业务提供的表现机会，看作是发展的契机。

因此，女性朋友应该加强自己的应对能力，时刻准备迎接挑战。每一个新任务背后肯定存在着风险，面对挑战，职业女性可能会花大量的时间犹豫斟酌：如果我接受了，万一失败怎么办？如果我负责新业务，成绩不理想，会不会脸上挂不住？最后在多重考虑下，有的女性朋友干脆决定放弃新职务，觉得还是不冒险比较安全，但这样一来，你就错失了进步的机会。女性看重安全感，因此，常选择保守地待在原地，以为这样就不必承担风险。但实际上，不进步的背后有着更大的风险，即被职场竞争淘汰。女性可训练自己逐步接受风险，不必害怕改变。学习的过程，甚至是失败的经验，都能帮助你提升承受更大的决策与风险的能力，踏出第一步是最关键的。

明确目标，理清思路

男性的职场目标定位比较清晰，非常清楚终点目标的位置，不会偏离跑道，能以阶段性的方式完成各个短期目标，有效且精确地到达终点；女性则倾向同时处理很多方面的事务，包括家庭与事业，希望能同时兼顾所有的事。正因为她们耗费很多心力在各项责任中，因此，常感到工作过量，力不从心，承受较大的工作压力。建议女性在工作环境中，先确认首要目标，将焦点集中在首要目标，完成后再逐步完成其他重任。理清工作中的轻重缓急，有助于提升工作绩效，引领你快速到达目标。

不要私下抱怨

工作碰到瓶颈或挫折时，女性习惯私下向朋友与同事表达各种抱怨与烦恼，偶尔的诉苦可以拉近同事之间的距离，但是常常的抱怨与牢骚，则可能成为工作情境中的一个阻碍。过多的倒苦水、表达焦虑情绪，一是可能让他人厌烦，二是可能导致同事产生对你的不信任，认为你没有能力应对问题。每个人都会遇到困难，抱怨无助于解决问题。作为一个智慧的职业女性，应该设法寻找其他平衡情绪、缓解压力的方法，不要让私下的抱怨变成自己的负担。

配合团队作业，增强团队精神

职业女性可能遇到这样的情况：因为考虑太多，同时在自我保护的外衣下，排斥与别人分享资源，喜爱自行其是，因而无法共同达到团队目标。男性则比较能配合团队领导人的指令，拿出最佳本领，协助主管达到目标。女性应充分了解在团队整体目标的前提下，需舍弃自我的观念和坚持，增强团队精神。

看到以上 8 项职场女性需要塑造的心态，有人可能会气馁，难道女性在职场上就真的不如男性？实则不然，职业女性们不必自怨自艾。其实女性在职场中也有天生的优势，比如具有较男性更高的共情能力和柔韧性。最新的一些调查研究结果都为职业女性打了一剂强心针。最近，英国《牛津商业评论》有一篇文章分析了为何女性开始在职场上“春风得意”：数据分析指出，在战略的制定上，女性更具战略眼光，倾向于采取比较前瞻性和未来性的战略；在组织管理中，善于在团队中授权，在实验性学习中有更多的尝试，能够持续改善的能力更强，对创新能力和变革能力的认知度更高；由于性别的不同，她们来自社会的压力小，一般不计较功名，做事认真；而女性特有的敏感和细致使得他们更加容易合作，更容易沟通；没有过重的社会期望，容易打破既定的规律做事。根据一些专家的研究发现，由于女性比男性具有更多的平衡能力。男性喜欢把自己的想法灌输给员工，而女性则更加喜欢承认人和人的不同，最大程度上团结各个员工，或者像润滑剂一样使团队有效运作。

印象管理

案例

王姐的烦恼

在一次聚会上，王姐满脸愁苦地低声向朋友诉苦："我在现在的工作岗位上已待了八年，自认一向认真负责，然而每次有升迁空缺时，却从来没被点过名，领导总是挑选其他资历比我浅的同事晋升，唉，心里真不是滋味！"

看着她充满挫折的面容，大家都关心地问："怎么会这样？到底什么原因呢？"王姐说，她曾经问过同事们，得到的答案是："你老是闷不吭声地做事，不容易给人留下深刻印象，当然就被领导忽视和遗忘啦！"说到这儿，王姐变得激动了起来："难道低头苦干不对吗？为什么一定要做其他的表面功夫呢？"

王姐的最后一句话的确是个值得好好思索的问题，到底我们在工作时，该不该重视表面功夫呢？

人人都在乎"面子"

很多人都好奇自己在他人心目中什么样子？关注在什么场合穿什么衣服，对什么人说什么话，通过什么样的表情能更好地表达自己等。这些考虑都是为了给他人留下美好的印象，是一种印象管理。"印象管理"这个名词是心理学家加库利和戈夫曼等人提出的，指人们试图管理和控制他人对自己所形成的印象的过程。他们认为社会中的每一个个体都希望得到他人乃至社会的认可和赞同，并期望能够控制社会交往的结果。

印象管理，有时又称印象整饰，通俗点说与人人都在乎的“面子”问题密切相关。在人际交往中，如果女性朋友能成功地获得他人的赞同，就是“有面子”的表现；反之，形象受损就是“丢了面子”。所以女性朋友们总是倾向于以一种与当前的社会情境或人际背景相吻合的形象来展示自己，以确保他人对自己做出愉快的评价。恰当的印象管理可以表达自己对别人的认同、关注与尊重。同时，这也是人际交往的润滑剂，处理好了，不但能使自己赢得别人的尊重和喜欢，还会使人际交往变得更加美好和谐。

成功需要印象管理

也许很多女性朋友会说通过外表衡量他人是肤浅的，但我们不得不承认在与他人交往的过程中，每时每刻都有人在根据你的服饰、发型、手势、声调、语言对你进行判断。不管你主观的意愿如何，你都会给他人留下一个关于“你”的独特的“印象”，并且这个印象将会在很长时间内对你产生影响。所以，成功需要印象管理。良好的印象管理能够帮助女性朋友在工作情境中展现自己各方面的能力和优势，并且在较短的时间内得到他人的认可和支持。

善用第一印象

有一句谚语是这样说的：第一印象没有第二次机会。这就强调了第一印象重要性及其影响深远。生活中我们第一次见到某某人的时候，心中总会有一个对他（她）的印象。通常所说的这个印象实际上就是指第一印象或最初印象。在社会心理学中，由于第一印象的形成导致这种最初获得的信息在总体印象中占较大比例，甚至要高于之后获得的信息，这种现象称为首因效应，也叫最初效应。

心理学家阿希 1946 年以大学生为研究对象做过一个实验。他让两组大学生评定对一个人的总的印象。对第一组大学生，他告诉这个人的特点是“聪慧、勤奋、冲动、爱批评人、固执、妒忌”。很显然，这六个特征的排列顺序是从肯定到否定。对第二组大学生，阿希所用的仍然是这六个特征，但排列顺序正好相反，是从否定到肯定。研究结果发现，大学生对被评价者所形成的印象受到特征呈现顺序的影响。先接受了肯定信息的第一组大学生，对被评价者的印象远远优于先接受了否定信息的第二组。这意味着，最初印象有着高度的稳定性，后继信息甚至不能使其发生根本性的改变。

那么，女性朋友怎样才能通过有意识的努力，给他人留下一个良好、深刻的第一印象呢？心理学家发现，在与陌生人进行初次交流时，按SOLER模式来表现自己，可以明显增加他人对我们的接纳性，使我们在别人心目中建立起良好的第一印象。

SOLER是由五个英文单词的词头字母拼写起来的专用术语。其中：

S表示“坐（或站）要面对别人”；

O表示“姿势要自然开放”；

L表示“身体微微前倾”；

E表示“目光接触”；

R表示“放松”。

从上面的描述中我们可以看到，当我们按照SOLER方法来表现自己时，会给人一个“我很尊重你；对你很有兴趣；我内心是接纳你的；请随便”的轻松、良好的印象。

看到这，很多女性朋友会说：以后与他人第一次接触时，我一定要超常发挥，让他人对我的印象越高越好。这种想法的初衷是好的，但从长远的交往来说，其实第一印象并非越高越好，带给他人良好的第一印象，不能超出女性朋友本身的特点，夸大、吹嘘并不利于后续的交往。“良好、深刻、中等偏上”是对第一印象的最佳诠释。

有效的印象管理策略

1. 恰当的自我表现策略

自我表现是指我们在同他人交往的开始阶段，有意识地表现自己好的方面，使自己给他人留下一个自己期望形成的良好印象。自我表现策略更多地用在初次接触的人当中。在日常生活中，许多女性朋友在新的环境中面对初次接触的人，言行不符合自己的角色身份或不符合情境的要求，都很难给别人留下良好的印象。戴尔·卡耐基在《如何赢得朋友并影响别人》中总结了人们普遍喜欢且很有实用性的六种方法：真诚的微笑，对别人感兴趣；记住名字是一个人语言中最美、最重要的声音；做一个好的聆听者；鼓励别人谈他们自己；真诚地让别人觉得他自己重要；谈别人感兴趣的事。

2. 创设情境，塑造自我魅力策略

心理学研究表明，带有强烈情绪体验的活动能够在不知不觉中纳入人的长时记忆系统，给人留下深刻的印象。因此，女性朋友在社会交往中要善于创设情感性的情境，给交往对象以强有力的震撼，产生个人独特的魅力印象。另外，面部表情、体态语言和人际距离等非语言行为能够有效地影响个体与他人之间的相互印象。女性朋友在日常工作生活中应注意自己的非语言行为，包括行为举止、穿着打扮等与环境协调一致，以免让人产生格格不入的感觉，留下不良印象。

3. 合理遵从，随和相处策略

因为他人从事某一活动，自己也去从事这一活动或放弃自己的意见而采纳他人的意见，这种现象叫作遵从。女性朋友在处理非原则性问题情境中，应采取合理的遵从策略，避免给人造成目空一切、心高气傲的印象。社会心理学的平衡模式指出，人们都倾向于选择一致性，即人们总是喜欢和那些与自己意见一致的人在一起。合理的遵从有两种策略：一是在一致意见中夹带不一致的意见，在遵从的同时，表达自己的观点，这样可以增强遵从行为的可信度；二是节节退让，起初表达不一致的意见，而后逐步转为同意和认可，这样既可以提高自身受欢迎度，又表现出自立的形象。

4. 自设障碍与合理化策略

在很多情况下，当人们面临一项重要的任务，其结果不可预知，可能成功也可能失败时就可以运用自设障碍策略，在成功前面添置一些障碍。这样做有两个好处，如果任务成功，则成功的价值将会提高；如果任务失败，失败所带来的消极影响将会减弱，减少对个人印象的损害。女性朋友在现实生活中难免会出现言行过失，如果处理不当就会损害自己良好的自我印象。这时就可以运用保护性印象管理策略中的合理化等手段，尽可能及时地为自己的言行过失寻找合适的借口，进行合理的、有效的辩解，使自己的言行过失尽可能地合理化，或者尽可能地弱化和消除因过失言行给自己造成不利影响，以继续保持自己良好的个人印象。

5. 非言语的印象管理策略

印象管理策略不仅可以用言语表现，而且可以用非言语的形式表现，面部表情、触摸、身体位置、姿态和人际距离能够非常有力地影响着人与人之间的相互印象。比如，跟别人谈“心”，最好要坐在他的旁边，不要坐其对面，这样不会给对方带来压力，同时又会拉近和他人的心理距离，这是管理心理学上说的“腋下交谈法”。非言语的印象管理技巧有时候可能比言语更能加强人与人之间的亲切感，从而给他人以更好的印象。

适度是最好的策略

印象管理行为本无好坏，与求职者的实际素质信息相比，印象管理的有效运用可以很好地影响面试考官的决定，而过度使用则会适得其反。

心理学家巴朗做了一项很有意思的研究：他分别请一些男女大学生对一名女性求职者（实际上是由巴朗的助手扮演的）进行面试，这位女性应聘的是一个初级工作岗位。在所有的面试程序中，她使用的是完全相同的语言信息，但在非语言信息的使用上采用两种方式：一种是大量使用积极的身体语言，如面带微笑、点头、身体前倾、认真注视考官等；另一种情况则不使用任何积极的身体语言。另外，她身上还有另一项自变量的变化，即喷香水和不喷香水。结果发现，如果这位女性求职者只使用积极的身体语言或只是喷香水，男性面试考官对她的评价相比不使用任何身体语言要高。但是，如果她即使用积极的身体语言又喷香水，男性面试考官就会降低对她的评价；而在女性面试考官身上却没有发现这种差异。巴朗的研究表明，印象管理在面试过程中的作用是比较复杂的，过犹不及，重要的是恰如其分。

时间管理

案例

一个关于时间管理的测试

下面的每个问题，请你根据自己的实际情况，如实地给自己评分。计分方式为：选择“从不”为0分，选择“有时”记1分，选择“经常”记2分，选择“总是”记3分。

1. 我在每个工作日之前，都能为计划中的工作做些准备。
2. 凡是可他人处理的事情，我都交给他人处理。
3. 我利用工作进度表来书面规定工作任务与目标。
4. 我尽量一次性处理完毕每份文件。
5. 我每天列出一个应办事项清单，按重要顺序来排列，依次办理这些事情。
6. 我尽量回避干扰电话、不速之客的来访，以及突然的约会。
7. 我试着按照生理节奏变动规律曲线来安排我的工作。
8. 我的日程表留有回旋余地，以便应对突发事件。
9. 当其他人想占用我的时间，而我又必须处理更重要的事情时，我会说“不”。

【分析点评】

0～12分：你自己没有时间规划，总是让别人牵着鼻子走。

13～17分：你试图掌握自己的时间，却不能持之以恒。

18~22分：你的时间管理状况良好。

23~27分：你是值得学习的时间管理典范。

时间是如何被浪费掉的

知道了你自己的时间管理方面的总体水平，接下来，让我们分析一下时间是如何被浪费掉的。浪费时间的原因有主观和客观两大方面。这里，我们来分析一下浪费时间的主观原因，因为，这是一切的根源。

我们通常是这样花掉很多时间的：

——来自他人的干扰（比如电话，上门访问等）

——接手本该由别人完成的工作

——犹豫不决

——对于你担任的工作缺乏必需的信息

——分不清什么事情应该优先完成

——缺乏计划

——受到压力和疲倦的困扰

——不会拒绝别人

——处在混乱的工作环境中，这也会干扰你的心情

——缺乏灵活性——刻板、不现实的计划往往会大量吞噬你的时间！

此外，以下这些想法也会导致不合理地运用时间：

——“再拖一天吧”，没关系，凡事都可以留到明天

——压力大时我表现更好

——别人也在拖延，我为什么不行

——如果我不知道如何完成某事，那就索性不要开始做这件事

——我不愿意有压力，我喜欢轻松自在

——别人找我帮忙时我无法拒绝

——凡事还是自己做比较好，容易控制

——我没有时间去组织、管理我的时间

有关时间的数字

一项调查表明：一个效率糟糕的人与一个高效的人相比，他们的工作绩效相差可达10倍以上。看来，人人都需要掌握时间管理的方法和理念。那么，什么是时间管理？

所谓时间管理，是指用最短的时间或在预定的时间内，把事情做好。接下来，女性朋友们一起来看一组数据，虽然这些数据来自美国，但对我们还是有一定参考价值的。人们一般每8分钟就会受到1次打扰，每小时大约7次，每天50～60次。平均每次打扰用时大约是5分钟，总共大约4小时。大约50%～80%的打扰是没有意义或者极少有价值的。每天自学1小时，7小时一周，365小时一年，一个人可以像全日制学生一样学习，3～5年就可以成为专家。一个人如果办公桌上乱七八糟，他平均每天会为找东西花1个半小时，每周要花7个半小时。善于利用时间的人不会把时间花在需要的事情上，而会花在值得的事情上。

很多女性朋友常常抱怨，每天时间都不够用，根本“不”可能完成那么多事情。做一件事情实际花费的时间往往会比预期的时间多一倍。如果你让自己一天做一件事情，你会花一整天去做；如果你让自己一天做两件事情，你也会完成它们；如果你让自己一天做12件事情，则会完成7～8件。数字往往会揭示一些人们意想不到的真相。这些数据是否令你感到吃惊？我们不妨留意一下，找出一些和自己有关的时间数字，使自己始终保持危机感，警惕时间的流逝，抓紧利用好每一分、每一秒。

怎样进行高效的时间管理

时间管理的几个基本技能包括合理计划，组织，自我约束，以及委托他人（将某些事情交给别人）。以下是16条小贴士：

1. 记录你的日常活动

每周对你的活动做记录，持续2～3周。记录的内容包括你起床后每小时所做的一切事情，在别人身上所花的时间，无所事事的时间，休息、睡觉的时间，等等。

2. 明确哪些事情是你必须做的

有些事情在适当的时候可以稍作改变。明确哪些事情是你必须做的，哪些是你处于习惯或者未能拒绝别人而在时间不够的情况下接手的。

3. 列出你的任务截止日期

列一个清单，写出你必须完成的任务和截止时间。将其按照本日/本周/长期目标划分，一目了然。

4. 别忘了私事和社交活动

你要规划的活动不仅仅局限于工作，也得包括自己的私事和社交活动，这样你的安排就能覆盖到你所有的需求。

5. 管理你的目标

目标的管理有两个标准：紧要性和重要性。从最重要和最紧要的任务入手。

a. 必须今天（或明天）完成

b. 必须在某天完成（设定一个时间）

c. 可以拖延若干天

d. 可以找别人完成

6. 委托他人

当你把某项事务委托给他人的时候，你首先要挑选一件事务及能够胜任的人选，以及了解你需要预先告诉他什么信息。但是女性朋友们需要做好心理准备，委托他人通常意味着要共同承担责任，而且你可能需要接纳别人做这件事情的方式可能与你不同。

7. 明确你的优先事务

找到那些截止日期临近的事务，这些应当首先完成。

8. 整理你的清单

列一个清单写出你认为没有必要做的事情，然后就不再去关注这些事情了。

9. 专注

每一次只专注于一个目标。否则，如果你在做一件事情的时候还在想着之后要做的其他事情（比如明天、本周、下个月、下半辈子的事情），你很有可能会厌倦手头工作，心情沮丧。

10. 工作的环境

创造一个适合自己的工作环境。

11. 现实一点

确定你的目标是现实的，不要好高骛远。

12. 准备应对突发状况

在你的日程计划里加入突发情况（比如电脑故障），在你的计划表里留出可以灵活支配的时间。

13. 提高自己的积极性

如果你要做的工作比较没劲，千万别因此而垂头丧气，应该积极一点：想想你完成工作时候的满足感和自由感，想想积少成多。不要小看了一些看似意义不大的活儿（比如打扫房间等），这些小事能给整个家庭带来不一样的氛围。

14. 学会说“不”

面对不必要的活动、要求，学会向试图占用你时间的人说“不”（当然了，急需帮助的人例外）。必要的时候需要拿开电话，锁上门，以避免别人不必要的打扰。

15. 发挥你的潜能

让你的生物钟来指导你：找出你一天中最活跃、效率最高的时间。

16. 妥协

在某些日子，你可能效率不高，这时应该原谅自己。正常来说，过几天你又会恢复到高效的状态。

情绪管理

现代科学也进一步证明，情绪可以通过大脑而影响心理活动和全身的生理活动。乐观情绪可以使人体内的神经系统、内分泌系统的自动调节机能处于最佳状态。

培养“情绪智商”

情商是“情绪智商”的简称，这一概念提出的目的就是探讨人生的成功除了智商之外，起作用的其他因素。很多情商的研究者认为，人生的成功，智商的作用只占20%，情商则占80%。换句话说，智商高的人，不代表一定会成功。以爱迪生为例，小时候，老师对他的母亲说：“你的孩子是弱智儿，我们没有办法教育他。”他的母亲没有盲从老师的评判，而是把他带回家亲自教导。结果，这个被认为智商低的人，成为人类史上的伟大发明家。

爱迪生的经历证明一个人的成功不只是包含一种因素，而是由多种因素共同作用决定的。情绪智商在其中发挥着重要作用，它包括五种能力。

1. 了解自我

自我觉知——当某种情绪刚一出现的时候就能被察觉，这是情绪智商的核心。女性朋友需要有意识地监控自己情绪时时刻刻的变化。对自我的情绪有更大的把握就能更好地指导自己的人生，更准确地决策爱情、职业等问题。没有能力认识自身的真实情绪就只好听凭这些情绪的摆布。

2. 管理自我

调控自我的情绪，使之适时适地适度。这种能力建立在自我觉知的基础上。包括如何自我安慰，如何有效摆脱焦虑、沮丧、愤怒、烦恼等因失败而产生的消极情绪侵袭的能力。这一能力不足的女性总是陷于痛苦情绪的旋涡中，无法自拔；反之，这一能力高者可从人生的挫折和失败中迅速跳出，重整旗鼓，迎头赶上。

3. 自我激励

这是一种为服从于某目标而调节、指挥情绪的能力。要想集中注意力，自我激励、自我把握，发挥创造性，这一能力必不可少。任何方面的成功都必须进行自我激励和积极热情的投入，才能保证取得杰出的成就。具备这种能力的人，无论从事什么行业都更有效率，更富于成效。

4. 识别他人情绪

这是在自我觉知基础上发展起来的又一能力。具有移情能力的女性能通过细微的社会信号，敏锐地感受到他人的需求与欲望。这一能力高的人更适合做教育、销售或管理等职业。

5. 处理人际关系

从某种意义上说，人际关系艺术就是调控与他人的情绪反应的技巧。人际关系能力可强化女性朋友的受欢迎程度、领导权威、人际互动的效能等。

在情商所包括的这几个方面中，女性朋友不一定面面俱到，都发展得很好。但是，与智商不同的是，情商的可塑性更大。只要我们在各方面有意识地磨炼自己，那么你就可用高情商来促使自己的成功。人生就像一朵美丽的花，智商可以使其更娇艳，情商则能促使其结出硕果。

情绪管理方法——创设疏导宣泄的渠道

每一位女性都曾有过情绪失控的时候，负面情绪涌上心头，影响我们的工作和生活。对待愤怒、悲伤、焦急等负性情绪，都各自有不同的办法，不过，有一个总的原则：对待强烈情绪的最好办法，还是要找到疏导宣泄的渠道。

有很多种方式可以使用：

（1）培养一些陶冶性情的艺术类兴趣爱好，琴棋书画、唱歌等。不在乎做得多好，关键是既有兴趣，又能抒发情感。

（2）身体/锻炼方面的活动，如健身，打球，舞蹈，深层放松，做按摩。想象着坏情绪像球一样被打出去，或者随着汗水挥洒出去，会给人一种痛快的感觉。运动有益于情绪及身心，研究发现：运动应该在工作一整天后进行，这样最能减低压力。

（3）找到倾诉的对象，可以在心情不好时都能够打电话或当面向他们分享自己的烦恼。

（4）通过记日记来理清思绪。一个必然规律是，写在纸上的越多，积压在心里的越少。在写日记的过程中，女性朋友也可以对已经发生的事进行总结，做更加客观的分析。

（5）给自己创造一个愉快的生活环境，如放音乐，薰香，还有柔和的灯光等，或者将自己置身于一个令人心旷神怡的自然环境中，从生理上来舒缓紧张的神经。

情绪管理方法二——“打预防针”

女性朋友应该了解自己的情绪变化，知道什么样的生理，心理或外部因素会影响自己的情绪，在预测到自己会因为某事陷入情绪低谷时，可以通过“打预防针”的方式及时告知周围的人，获得他们的理解和支持。

情绪管理方法三——对抗不良情绪

对不良情绪的调整，可以采取以下的方法：

（1）能量排泄法。对不良情绪所产生的能量可用各种办法加以调整。例如，当生气和愤怒时，可以到空旷的地方去大喊几声，或者去参加一些重体力劳动，也可以进行比较剧烈的体育活动，跑两圈把心理的能量变为体力上的能力释放出去。

在过度痛苦和悲伤时，适当的哭泣也不失为一种排解不良情绪的有效办法。哭也可以释放能量，调整机体平衡。现代科学证明，流眼泪并非懦弱的表示。研究发现，情绪性的眼泪和别的眼泪不同，它含有一种有毒的生物化学物质，通过流泪，把这些物质排出体外，对身体自然有利。

（2）语言暗示法。语言是人类特有的高级心理活动，语言暗示对人的心理乃至行为都有着奇妙的作用。当不良情绪要爆发或感到心中十分压抑的时候，可以通过语言的暗示作用，来调整和放松心理上的紧张，使不良情绪得到缓解。当你将要发怒的时候，可以用语言来暗示自己："别做蠢事，发怒既伤自己，又伤别人，还于事无补。"这样的自我提醒，就会使心情平静一些。

（3）环境调节法。大自然的景色，能扩大胸怀，愉悦身心，陶冶情操。到大自然中去走一走，对于调节人的心理活动有很好的效果。对于长期处于紧张工作状态的女性朋友，定期到大自然中去放松一下，对于保持身体健康，调节身心紧张大有益处。

（4）倾诉法。人的情绪受到压抑时，应把心中的苦恼倾诉出来，如果长时间地强行压抑不良情绪的外露，就会给人的身心健康带来伤害。特别是性格内向的人，光靠自我控制、自我调节还远远不够，可以找一个亲人、好友或可以信赖的人倾诉自己的苦恼，求得别人的帮助和指点。

（5）自我激励法。自我激励是人们精神活动的动力之一，也是保持心理健康的一种方法。在遇到困难、挫折、打击、逆境、不幸而痛苦时，善于用坚定的信念、伟人的言行、生活中的榜样、生活的哲理来安慰自己，使自己产生同痛苦做斗争的勇气和力量。

（6）创造欢乐法。心绪不佳，烦恼苦闷的人，看周围一切都是暗淡的，看到高兴的事，也笑不起来。这时候如果想办法让他高兴起来，笑起来，一切烦恼就会丢到九霄云外。笑不仅能去掉烦恼，而且有十大功能：①增加肺活量；②清洁呼吸道；③抒发健康的感情；④消除神经紧张；⑤使肌肉放松；⑥有助于散发多余的精力；⑦驱散愁闷；⑧减轻各自精神压力；⑨有助于克服羞怯、困窘；⑩使人对往日的不幸变得淡漠，而产生对美好未来的向往。这也是对笑能治病的简要的生理与心理的分析。

废除“拖延”的恶习

案例

寒号鸟的故事

寒号鸟度过了炎热的夏天，开始了凉爽秋天的生活。它把在夏季没能玩的都在秋天补上，每天只顾到处飞，找东西吃。累了，晚上回来就睡觉。后来天气越来越冷，它也看到乌鸦、麻雀都在忙着做窝，它想明天再做吧。但是晚上冷风吹得它直发抖，于是它颤抖地哀号：“哆嗦嗦，哆嗦嗦，寒风冻死我，明天就搭窝。”第二天早晨阳光明媚，它想现在天好，赶紧玩吧。到了晚上，它冷得难以入睡，于是又哀号：“哆嗦嗦，哆嗦嗦，寒风冻死我，明天就搭窝。”第二天照样阳光明媚，它又想还是先玩吧，明天再垒巢。终于在一个晚上，寒号鸟在夹缝中哀号着“哆嗦嗦，哆嗦嗦，寒风冻死我，明天就搭窝”中冻死了。

你有“拖延症”吗？

拖延症，英文 Procrastination，取意“将之前的事情放置明天”。拖延症总是表现在各种小事上，但日积月累，特别影响个人发展。拖延现象现已成为管理学家和心理学家研究的一个重要课题。单纯的做事拖拉或是懒得去做，只能定义为“拖延”，也仅是一种坏习惯，改正它并不难。当“拖延”已经影响到情绪，如出现强烈自责情绪，强烈负罪感，不断地自我否定、自我贬低，伴生出焦虑症、抑郁症、强迫症等心理疾病时，才能称之为“拖延症”。

拖延症这个毛病，有时候看起来还真没什么大不了的——把该干的活留到最后期限，加班加点赶工也能完成；有时候甚至因为在压力下“小宇宙”爆发，在赶活那刻分外觉得自己思维敏捷、文思泉涌，工作反而比平时完成得更好。然而，“拖延症”并不总能带来好结果，一次“赶不及”可能就彻底改变了你的人生轨迹。职业女性需要警惕拖延错过重要工作。

第一，在生活中，长期拖拉的人占20%。对他们来说拖拉是一种生活方式，虽然并不适应它。这种状态充满了他们的生活。他们不能按时付账单，他们忘了火车票，他们直到临考试前一天才做准备。

第二，拖拉并不是时间管理或者计划方面的问题。拖拉的人能够对时间做出正确的估计，有能力进行时间管理，最大的症结是他想或不想的问题。

第三，拖拉不是天生的。它可能来自周围人的影响。它可能来自压力，生活中很多女性朋友的拖拉行为甚至可能是一种对压力不满的反抗形式。家人对拖拉者的宽容也会助长这种习惯。

第四，拖拉的人喜欢对自己“撒谎”。比如“我更想明天做这件事”，或者“有压力我才能做好”“船到桥头自然直”“别人都还没开始做呢”，但实际上并非如此。拖拉者的另一个谎言是时间压力会让他们更有创造力，其实这只是他们的感觉而已，很多时间就是在这些各式各样的借口中挥霍掉了。

第五，拖拉并非一模一样。拖拉的人有不同的原因，有三种基本的拖拉者：①鼓励型，或者说找刺激型，他们盼着最后几分钟忙碌带来的快感；②逃避型，他们回避失败的恐惧，甚至害怕成功，但实际上他们非常关心别人怎么看自己，他们更希望别人觉得他不够努力而不是能力不足；③决心型，他们没法下决心去完成这件事。

第六，拖拉带来的损失巨大。健康是其中之一，研究表明拖拉的人更容易患病。拖拉也影响人的情绪，也会破坏团队协作。

第七，拖拉会改变人的行为，但不会耗费多少精神力量。

废除五种 “拖延病”

情况一：我经常担心事做的不够完美。但尽力做了完美主义者，可做事的效率不是很高。经常接到任务以后，心里想的是尽快完成，可总是一拖再拖。为什么？

病名：担心引起的拖延病

处方：总想把事情做得完美一些，但压力越大就越担心做不好事，迟迟不敢付出行动。总是把万事的结果定为，不是成功就是失败、只要做错了一点，做得再好也都是错的。出了事就算不是自己的责任也会揽到自己身上。首先得提醒自己“自我担心”是多么消极的事情。例如，在准备报告时，最初就能写出完美的报告是不可能的，一定会有一些偏差。因此，要学会接受不完美的存在。

情况二：一旦接到什么任务总会担心“我一定能做好吗？做错了领导会不会责备我？”在想这些的时候时间已悄悄溜走了。

病名：自我指责的拖延病

处方：因为过去的一些失败经历，所以导致了压力。想治好自我指责的病，可以适当地学会卸下肩上的责任。轻视自己的能力可能导致自卑感的产生、自信心下降。因此，可以换一种方式解释自己的失败。比如，单位领导让你组织一次有新意的集体活动，你一直担心自己会做不完善，顾虑颇多，把大量的精力都浪费在担心上。结果你终于设计了一个很有意思的活动计划，却因为准备时间不够，只好放弃，最终沿用了最普通的活动方式。此时，你偷偷观察，发现领导在活动中皱起了眉头。常常习惯自我指责的人会想：“哎，一次表现机会又被浪费了，我真是没用。”取代这种想法的另一种解释是“我设计的这次活动是很有新意的，这次没用上，争取下次进行”或“领导皱眉不一定是对这个活动不满，可能是有其他的烦心事”。

情况三：我特别的执着，一旦问题袭来的时候就感到不安和急躁。问题解决之前做不好任何事情。

病名：执着引起的拖延病

处方：因为执着导致拖延的人，往往在事后懊恼“怎么会这样”。如果被同时要求做两件或多件事情，可能因为一件事情没有处理好，而无法开始其他的事务。这类人其实自己非常着急，纠结现有问题的同时，还挂念着另一份工作何时开始。但是要想让他们暂时放下手头的问题，先处理其他事务却非常困难。这么顾此失彼，两件事情都没有按期完成。对于这类拖延病，可以尝试从寻找一个合作者和帮手开始，寻求他人的帮助。也可以根据事务的重要性排序，选择从最重要的事情入手。

情况四：在这方面，我总是没有自信，这是怎么努力也改变不了的。没有自信的人做起事来就是经常不顺。要想提高我的这种能力，实在太难了。

病名：封闭自我印象引起的拖延病

处方：这类在苦恼的边缘走不出来的人是因为被自己错误的想法封锁住了。一定要从误区的牢笼里走出来。为了打破错误的想法，可以先转换视角，对自己提出这样的问题：“假如，我是能做到某事的人，应该先想些什么？先做些什么？”假如，做报告的时候，因为忙于某些事迟迟没做出来。这时，应该想“如果我是个做报告的能手，应该先做什么事呢？”业绩不好，但还得向领导汇报的时候可以想“假如，我是个业绩不佳，但能向领导主动汇报的人，应该先做什么事？”想这些问题的时候，不能用太长的时间。想到什么就执行什么，这也是走出拖延的第一步。

情况五：我做决定很快，但付出行动很难，别人都说我办事效率不高。

病名：不安感或懒惰引起的拖延病

处方：做出决定后难以付诸行动，一种原因是你不确定这个决定的正确性，还在犹豫，因此不愿意实施。你可能在考虑：“这个想法对不对，如果付出很大努力，结果失败了该怎么办？”这些不安感一直浮现在脑海里，所以不想做任何事情。不要急于做选择，给自己设定一个期限，在这个时间段里充分地考虑权衡，然后再做出决定。这种选择方式虽然比之前的时间稍长，但是你会对选择的正确性更加肯定，具体执行的动力也更强。

打造自己的核心竞争力

在这个知识与经济高速发展的社会，女性不再是闺中宝，更多的时候需要独挡一面，这就不可避免地给当代女性朋友提出了更高的要求。当代职业女性要想在职场立足，首先要具备良好的素养。那么，什么是“素养”呢？从字面上讲，那就是一个女人的素质和修养，综合来说就是“一个女人的核心竞争力”。女性朋友为自己量身打造核心竞争力，才能在飞速发展的社会中与时俱进，发挥自己的能力，找到自己的位置。

对于女性朋友来说，打造自己的核心竞争力是一门必修课，是未雨绸缪，也是成功最好的垫脚石。

做一个身心健康的女人

现代职业女性越来越重视自身的健康。如今的健康不仅是指身体的健康，心理的健康也相当的重要。

1. 身体的健康

健康的体魄、良好的身体素质已成为人才竞争的物质资本。人们普遍认为德、才、学、识、体是人才的内在因素，而体是最基本的，是成长、成才的物质基础。女性的一生会经历身体上的很多变化，为了维持身体健康，不同时期女性对营养的需求不同。

10 ~ 18 岁（青春期）：加强钙、铁的摄取，同时还要加强运动。18 ~ 25 岁（成熟期）：成熟期的特点是精力最旺盛、体力消耗最大。这个阶段是女性的黄金期，需要注意维生素 C 的摄取。25 ~ 35 岁（怀孕期）：这个时期正值生育期，叶酸的补充非常重要。35～45（中年期）：进入中年期，女性的身体开始出现明显的老化，应该均衡摄取维生素B族与蛋白质。45～55岁（更年期）：在这个阶段，不少女性朋友会面临更年期的不适与骨质疏松的威胁。钙质和植物雌激素的补充是必不可少的。60岁（老年期）：处于这个时期的女性，需要关注身体各项机能的下降，可以选择优质蛋白质和新鲜蔬果。

2. 心理的健康

现代职业女性是我国经济和社会发展的重要生力军，她们渴求事业的成功和生活的美好，不断地去寻求社会价值和自我价值。一方面，她们要同男性一样在工作中拼搏；另一方面，又要担负起操持家务、照顾丈夫和教育孩子的重任，保持自己贤妻良母的形象，这使得现代职业女性背负着工作和家庭的双重压力。心理健康的女性应该拥有以下六个特点：

（1）热爱生活，正确面对现实。心理健康的女性，对生活充满希望和坚定的信念，以积极的心态去适应变化了的环境，经常感觉到自己对社会、对家庭都是有价值的。热爱自己所从事的工作，遇到困难时能不害怕，不逃避。正视现实，具有协调多重角色的能力。心理健康的女性，善与人友好相处，喜欢他人，悦纳他人。

（2）善于调节与控制情绪。首先，要有合理的情绪反应。如果一个女性受到挫折后反而高兴，受人尊重反而愤怒，这也是情绪不健康的表现。其次，情绪随着客观情况的变化而转移。再次，情绪稳定性好，具有调节控制自己的情绪以保持与周围环境的动态平衡的能力。如果一个女性的情绪经常很不稳定，变幻莫测，与他人很难相处，这也是情绪不健康的表现。最后，心情愉快。心理健康的女性能经常保持愉快、开朗、自信、满足的心情，善于从生活中寻找乐趣，对生活充满希望。

（3）意志健全。健全的意志表现在意志的自觉性、果断性、坚持性和自制力等方面。意志健全的女性，能够对自己既定的目标坚持不懈，不达目的誓不罢休。长于明辨长短是非，既有现实目标的坚定性又能克制干扰目标实现的愿望、动机、情绪和行为，不放纵任性。

（4）人格完整健康。人格即个性，是指一个人的整个的精神面貌，即具有一定倾向性的心理特征的总和。人格完整健康的主要标志是：人格的各个结构要素，即气质、性格、能力和活动的倾向性方面的特征，如动机、兴趣、理想、信念都不存在明显的缺陷；具有清醒的自我意识，不产生自我同一性混乱；人格的各构成要素不是孤立存在的，是错综复杂交互联系，有机组织合成一个整体，对人的行为进行调节和控制的。如果各种成分之间关系协调，人的行为就是正常的，如果失调，就会造成人格分裂产生不正常的行为。

（5）能客观地评价自己。职业女性立身现代社会，不但要客观认识社会，而且也要客观了解自己，才能在需要适应的地方调整自己，控制自己和完善自己。要正确地认识和评价自己，要看到自己的才华和能力，要有信心，要善于、敢于干事业，成大事。同时，职业女性应当有主见，有观点，有方略，不要盲目顺从。

（6）有和谐的人际关系。和谐的人际关系是心理健康的重要标志。心理健康的女性在人际交往中能够做到以积极的态度参加社会交往，不孤僻、不冷漠；能客观公正地评价自己和别人；在自己的生活领域中既有稳定而广泛的人际关系，又有自己的朋友。

做一个自信的女人

所谓自信就是不卑不亢，悦纳自己，相信自己能行。自信让人绽放光彩。自信是建立在对自己正确认知基础上的、对自己实力的正确估计和积极肯定，也就是说要对自己做出正确的认识和积极的评价，找准自己积极的一面欣赏自己，从此树立自信。自信不是与生俱来的，它可以靠后天培养和造就。那么，如何建立自信心呢？

（1）挑前面的位置坐。坐在前面能建立信心。当然，坐前面会比较显眼，但要记住，有关成功的一切都是显眼的。

（2）练习正视别人。一个人的眼神可以透露出许多有关他的信息。正视别人等于告诉他人：我很诚实，而且光明正大。同时，我相信你的话是真的。

（3）把你走路的速度加快25%。走路时，抬头挺胸，步伐比平时加快

25%，这样你就会感到血液循环加快，自信心也在滋长。

（4）练习当众发言。从积极的角度来看，如果尽量发言，就会增加信心，下次也更容易发言。所以，要多发言，这是信心的“维他命”。

（5）咧嘴大笑。大部分人都知道笑能给自己很实际的推动力，它是医治信心不足的良药。真正的笑不但能治愈自己的不良情绪，还能马上化解别人的敌对情绪。如果你真诚地向一个人展颜微笑，他实在无法再对你生气。

（6）怯场时，不妨倒出真情，即能平静下来。把时时刻刻都在变化的心理秘密，毫不隐瞒地用言语表达出来，那么就没有产生烦恼的余力了。

（7）用肯定的语气可以消除自卑感。运用肯定或否定的措辞，可将同一件事实，形容成有如天壤之别的结果。可见措辞这件事，诚然是任何天才都无法比拟的魔术师。在任何情况之下，只要常用有价值的措辞或叙述法，则可以将同一个事实完全改观，从而令人驱除自卑感，而令人享受愉快的生活。

（8）做自己能做的事。做自己做得到的事时，个性会显现出来。重要的是，与其极欲恢复自我的形象，不如找出现在可以做的事。知道应该做的事，然后加以实行，就可以从自我的形象中获得解放。一次小成就会为我们带来自信。如果一口吞下一只大象，挫折反而会导致越来越没有自信。

做一个喜爱阅读的女人

读书使人眼界开阔，心灵宽广。女人也需要用智慧来武装自己。在与别人交往的过程中，谈吐与修养是最能征服他人的。现实生活中，外表的美总是肤浅而短暂的，如同天上的流云，转瞬即逝。如果你是有心人，则会发现，气质给人的美感是不受年龄、服饰所局限的。一个人的真正魅力，主要在于特有的气质。这种气质对同性和异性都有吸引力，这是一种内在的人格魅力。喜欢阅读代表一种主动学习的态度，读书是一项精神功课，对人有潜移默化的感染。阅读是女性的一种充电方式，因此，要不断学习各种知识技能，不断完善自己。

做一个独立的女人

独立女性指有主见、有自己的人生观、价值观，有上进心，永远不放弃自己的理想，拥有一份自己喜爱的事业，拥有快乐和成就感。

首先是经济上独立。一个女人只有经济上独立，靠自己，才能活得有尊严，才能得到别人的尊重与认可。自强自立的女人才更自信、更有人格魅力。

情感上的独立是指对情感自始至终保持一种从容的态度，不卑不亢，无论面对情感上何种巨变，都能冷静地，张弛有度地去处理去解决问题。当遭受挫折时能够尽快恢复，不会让自己一味地沉浸在负面消极的情绪中。

做一个有韧性的女人

韧带的存在是为了缓冲来自外界的压力，减免我们的身体受到伤害；心灵的韧性有着异曲同工的作用，它让女性朋友能够承受住更大的压力，等到恢复之后，就能拥有更强大的内心。

生活不可避免地会抛出一些明显的不利情况，是否能够积极地、有创造性地来处理这种情况，往往是衡量一个女性的重要指标。韧性就是遇到问题后的这么一种“反弹”能力。科学研究已经表明，坚韧不拔的人患抑郁症的概率较低，相比脆弱的人，更容易因逆境而提升自我。

有些女性似乎天生就很坚韧，但就像其他的东西一样，韧性也是可以开发的。

1. 建立积极的自我形象

一切始于脑海——坚强的人积极地认识自己，看待自己。

2. 注重构建和维护人际关系

研究表明坚韧的人往往有强大的社会网——危机来临时，家人、朋友和同事们是巨大的支撑源泉。

3. 拥有感恩的心

能够专注于生活中美好的东西，而不是纠缠在小问题上，这将使你保持积极的心态和快乐的心情。

4. 往好的一面看

坚韧的人往往认为压力事件或危机是临时的，甚至是学习和成长的机会，而不是无法承受的问题。

5. 要积极主动

相比被动接受生活安排的人来说，坚韧的女性会承担责任，想办法控制自己的现状，并采取有效的措施来改变状况。

6. 接受无法改变的事情

有些东西根本无法改变，有韧性的女性能接受这一点，不会浪费精力来做不可能完成的事。

7. 制定目标

要清楚自己的目标，这很重要。失败和挫折是难免的，但坚韧的女性会把目标牢记于心，采取适当的行动以实现这些目标。

8. 心中要有一个长远和更广阔的蓝图

当从鸟瞰的角度看时，问题往往变得不那么重要。

9. 持乐观态度

坚韧的女性保持着充满希望的未来，期待着取得积极的成果。当然，这会推翻“盲目乐观”的心态。但是相比预期会最好来说，消极悲观是不现实的。

10. 要不断地学习

韧性高的女性有决心从挫折和困难中吸取有用的经验教训。